EBS 스타 강사 준쌤의
혼공 영어 학습법

한국 사람들!
영어로 고통받지 마세요!

EBS 스타 강사 준쌤의 혼공 영어 학습법

초판 1쇄 찍은 날 2017년 9월 11일
초판 1쇄 펴낸 날 2017년 9월 18일

지은이   허준석

펴낸이   백종민
주 간   정인희
편 집   최새미나·박보영·김지현·이혜진·김민정
외서기획   강형은
디자인   강찬숙·임진형
일러스트   권나영
마케팅   서동진·박진용·오창희
관 리   장희정·임수정

펴낸곳   주식회사 꿈결
등 록   2016년 1월 21일(제2016-000015호)
주 소   서울시 영등포구 당산로 50길 3 꿈을담는빌딩 6층
대표전화   1544-6533
팩 스   02) 749-4151
홈페이지   dreamybook.co.kr
이메일   ggumgyeol@naver.com
블로그   blog.naver.com/ggumgyeol
트위터   twitter.com/ggumgyeol
페이스북   facebook.com/ggumgyeol
에듀카페   cafe.naver.com/ggumgyeoledu

ⓒ 허준석, 2017

ISBN 979-11-88260-19-5 03740

이 도서의 국립중앙도서관 출판예정도서목록(CIP)은 서지정보유통지원시스템 홈페이지(http://seoji.nl.go.kr)와 국가자료공동목록시스템(http://www.nl.go.kr/kolisnet)에서 이용하실 수 있습니다. (CIP제어번호: CIP2017021352)

이 책은 저작권법에 따라 보호받는 저작물이므로,
저작자와 출판사 양측의 허락 없이는 일부 혹은 전체를 인용하거나 옮겨 실을 수 없습니다.

일부 도판은 원 저작권자와 연락이 닿는 대로 사용료를 지급하겠습니다.

책값은 뒤표지에 있습니다.
주식회사 꿈결은 ㈜꿈을담는틀의 자매회사입니다.

EBS 스타 강사
준쌤의

혼공 영어 학습법

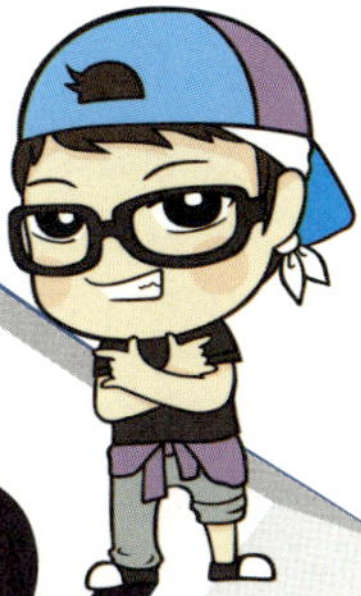

허준석 지음

영어 공부
어디까지 해 봤니?

꿈결

나도

영어 공부 한번 해야 하는데……

몇 년째 이 말만 **반복**하고 있나요?

==걱정 마세요.== 그럴싸하게
낚는 책 아닙니다.

저는 스물세 살에

I'm fine. Thank you. And you?

정도로 시작해서

현재는 현직 영어 교사이자

==EBS 영어 강사== 로 활동하고 있습니다.

저의 시행착오를 바탕으로

영어를

(혼)자서도 (공)부할 수 있는

방법을 알려 드리겠습니다.

이 땅의  족들에게

<u>영어를 잘하는 사람이 엄청 잘나고 폼나 보였다.</u>

그래서 참 많은 영어 책과 학습서를 읽고 또 읽었다. 한때는 한 학습서에 마음을 빼앗겨, 나름의 비법이랍시고 잠들 때까지 이어폰을 꽂은 채로 지냈다. 그러자 몇 달 후 귀가 윙윙 울리는 이명 증상이 나타나, 영어 공부는커녕 멍하니 하늘만 쳐다보기도 했다. 기껏 아르바이트로 번 돈을 그런 식으로 날려 버리기 일쑤였다.

영어를 정말 잘하는 사람들을 분석해 본 적이 있다. 그들의 공통점은 영어 학습에 대한 계기가 있었다는 점, 그리고 꾸준히 공부할 수 있었던 자신만의 학습법이 명확했다는 점이었다. 그렇다면 나는 뭐지? 나오는 거라곤 한숨뿐이었다.

우여곡절 끝에 사범대 영어교육과를 진학했지만, 영어는 거저 주어지지 않았다. 불과 한 학기 만에 토익 500점을 받고 멘붕에 빠졌고, 영어가 무척 싫어졌다. 그럼에도 영어를 정말 잘하고 싶었고, 영어 진행자가 되어 TV에서 강의하는 날을 늘 그렸다. 하지만 특목고를 졸업하거나 외국에서 살다 온 친구들은 나보다 열 걸음은 앞서 보였다. 내가 원하는 실력을 그 친구들은 이미 가지고 있었고, 내가 하고자 했던 것이 이미 현실이 된 친구도 있었다. "나 EBS에서 영어 방송 강사 하고 싶어. 그게 내 꿈이야." 용기를 내서 한 친구에게 말했고, "야, 세상에 영어 잘하는 사람이 얼마나 많은데. 그냥 임용고사 준비나 해"라는 대답이 돌아왔다. 어느 날 문득 거울을 보니 남은 건 구겨진 자존심뿐이었다.

돌파구가 필요했다. 군대 제대 후, 빛을 찾아 길을 나섰다. 이후 10년 남짓한 시간이 흘렀고, TV와 라디오에서 영어 강의를 하는 내 자신을 발견했다. 그간 무슨 일이 있었을까? 남들은 결과만 보고 이야기하지만, 그 과정은 결코 쉽지 않았다. 아주 긴 이야기가 있었기에 이 책을 통해 이야기보따리를 풀어 보고자 한다.

나는 현재 평범한 영어 교사다. 지극히 평범한 내가 어떤 과정을 거쳐 영어 공부의 전환점을 맞이했는지 공유하려 한다. '이 방법대로만 하면 된다'라는 약장수 같은 말은 의미가 없을 것이다. 나 역시 그런 책과 학습법을 무수히 접해 보았지만, 정작 영어 실력은 다른 방식으로 향상됐으니까.

우리에게 영어 공부는 시작이 전부다. 많은 이들이 답이 보이지 않는 방법들로 좌절하고 나에게 맞지 않은 방법들을 따라 하다 실패를 반복한다. 영어 공부는 원래 그렇게 어려운 거라고 단정 짓는다. 특히 매사에 '빨리빨리'인 우리나라 사람들은 이 책을 통해 왕도(어떤 어려운 일을 하기 위한 쉬운 방법)보다 '정도'를 선택했으면 한다. 세상에 공짜는 없고, 쉽게 얻은 것은 쉽게 잃기 마련이다.

공교육 영어 교사로 지낸 지 올해로 13년째다. EBS 영어 강사로는 어느덧 10년째다. 학교에서는 중학교 2학년 담임부터 고등학교 3학년 담임까지 맡은 적이 있다. 방송에서는 EBS 〈육아학교〉 멘토에서 중등 및 고등 과정을 맡은 바 있으며, 라디오를 기반으로 한 일반 회화까지 경험했다. 아마 이렇게 폭 넓은 영역에서 강의해 본 이는 대한민국에서 내가 유일할 것이라 자부한다. 에헴, 자랑은 여기까지. 이렇게 다양한 경험과 300만 명이라는 온라인 누적 수강생들을 상대한 경험을 무기로 더 많은 사람들에게 도움을 주고자 당당히 펜을 들었다.

우선 한 가지를 약속한다. 이 책을 통해 재미와 내용 둘 다 가져갈 수 있도록 최선을 다할 것이다. 나 스스로 재미없는 강의를 견딜 수 없기도 하고, 재미라는 쫄깃함이 없다면 언어 학습은 길게 가기 어렵기 때문이다.

마지막으로, 나를 전적으로 믿고 변변치 않은 원고를 기꺼이 받아 주신 꿈결 출판사 식구들, 언제나 나를 믿고 지지해 주는 사랑하는 아내와 두 아들, 양가 부모님, 현직 초등교사인 자유로운 영혼의 소유자 친동생 허준영 선생님, 혼공 영어 카페 식구 여러분, 나와 함께 해 왔고 지금도 함께하고 있는 교육계의 모든 가족 분들께 무한한 감사를 표한다. 밥 살게요!

2017년 어느 날, 멋있게 보이려고 시킨
'카모마일' 한 잔과 함께 커피숍에서

혼공 쌤 **허준석** 드림

차 례

이 땅의 혼공족들에게 • 06

혼공 1장 토익 500점에서 EBS 영어 강사까지

- 혼공 1. 14세, 영어를 처음 접하다 • 18
- 혼공 2. 영어 전공자의 좌절 • 25
- 혼공 3. 어학연수의 허와 실 • 34
  - **혼공꿀팁 1** 어학연수 성공 방법 • 56
- 혼공 4. 한국에서 만난 교포들 • 58
- 혼공 5. 영어의 숲을 만들다 • 70
  - **혼공꿀팁 2** 준쌤이 운영하는 무료 사이트 • 98

혼공 2장 혼공 영어 학습법

- 혼공 6. 영단어 학습법 • 105
  - **혼공꿀팁 3** 단어 공부를 계획할 때 주의사항 • 115
  - **혼공실천** 단어장 학습 계획(1단계) • 116
  - **혼공실천** 나만의 단어장 학습 계획(2단계) • 130
- 혼공 7. 영문법 학습법 • 131
  - **혼공꿀팁 4** 나에게 맞는 인터넷 강의&책 선택 방법 • 154
- 혼공 8. 구문(문장) 학습법 • 157
  - **혼공꿀팁 5** 허준석의 혼공 TV '중학 구문', '고등 구문' • 168

혼공 9. 읽기 •169

    혼공꿀팁 6 오디오북 구매 및 청취 방법 •177

혼공 10. 말하기 •178

    혼공과제 영어의 기본 문형 연습 •184

    혼공꿀팁 7 대화의 뼈대를 구축하는 표현 •193

    혼공꿀팁 8 시간을 버는 표현들 •195

    혼공꿀팁 9 추천: 영어 말하기 Youtube 채널 •214

혼공 11. 발음 •217

    혼공꿀팁 10 알아 두면 좋은 단어 강세 •227

혼공 12. 듣기 •228

    혼공꿀팁 11 팝송 활용법 •234

혼공 13. 쓰기 •236

혼공 3장 목적별 영어 학습법

혼공 14. 해외여행 영어 •246

    혼공꿀팁 12 내 손안의 번역앱 •250

    혼공꿀팁 13 정말 요긴한 여행 영어 표현 •251

혼공 15. 영어 회화: 교양 생활 회화 •255

혼공 16. 내신/수능 영어 •257

혼공 17. 편입 영어 •264

혼공 18. 공무원 시험 영어 •267

혼공 19. 어학 시험 영어(TOEIC, TEPS) •272

자, 이제 시작합니다.

편하게 ==그림책== 보듯이 넘겨 주세요.

평범했던 준샘의 이야기로 출발합니다.

 **〈영어를 즐기기 이전의 '나'〉**

경남 김해시 삼계동 감분 부락에서 태어나고 자란 허준석.
지금과 달리 우량아였다.

응가를 해도 귀여움 받던 시절을 지나,

웃음기 점점 없어지던
초등학교 시절.

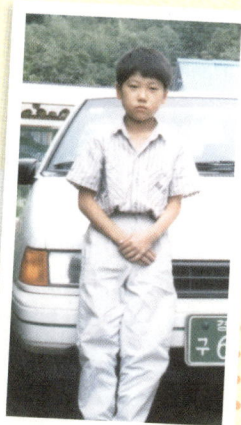

피아노를 배워 봤지만,
내 길은 아니라서 포기.

 **〈영어를 즐기면서 달라진 '나'〉**

퀘백 출신의 베로니크와 오누이 샷!
(누가 오빠일까?)
퀘백 친구들은 옷을 잘 입는 것 같다.

모델 통역 아르바이트를 하던 시절, 보수도 없었지만 헤벌레~

하와이에서 만난 여대생 사바나. 하와이 주립대 마노아 캠퍼스 학생이었는데, 기숙사 룸메이트가 하루에도 몇 번씩 대마초를 핀다고 해서 순진했던 나를 멘붕에 빠뜨렸다.

방송에서 접한 후 팬심으로 만날 날만 기다렸던 키다리 아이작 선생님. 방송인으로 만난 후 내게 아낌없는 조언을 해 주셨고, 늘 부드러움 속 강인함을 보여 주셨다.

웃는다, 웃어!

영어를 말하고, 쓰면서
친구를 사귀기 시작했고 사진 속의 나는 언젠가부터 웃고 있었다.
영어는 나의 또 다른 정.체.성이 되었다.

이현석 선생님(왼쪽), 썬 킴 선생님(뒤쪽), 제시카 선생님(오른쪽)과 함께.
늘 많이 가르쳐 주셔서 감사합니다.

내 시작은 영어 교사. 그렇게 꽤 오랜 시간을 달려왔다.
그렇다면 내 끝은 어디까지일까?
교사, 인터넷 강의, 라디오,
유튜브, 아프리카 TV, 블로그, 카페 등
다양한 곳에서 경험을 쌓았다.
공통분모는 무엇일까?

바로 **영어**라는 점.
그럼 나는 언제부터 영어를 좋아하게 되었을까?

14세, 영어를 처음 접하다

나는 영어를 잘해야만 했다

경남 김해시 삼계동 719번지 감분 부락. 시골에서 초등학교를 다니다 3학년 때 시내로 전학을 갔다. 당시만 해도 초등학교 때까지는 학교에서 영어를 배우지 않았기 때문에 별다른 부담이 없었다. 중학생이 되어서야 비로소 학교에서 영어 교과서를 받았고, 신나게 공부하기 시작했다.

"Hi, Jane." 안녕. 제인.
"Hi, Tom. How are you?" 안녕. 톰. 어떠니?
"I'm fine, thank you. And you?" 나는 좋아. 고마워. 그리고 너는 어떠니?

교과서는 대한민국 국민들이 애용(?)하는 패턴부터 정직하게 가르쳤다. 외울 단어 분량도 적었고, 부교재도 따로 없었다. 그러다가 운 좋게 서점에서 발견한 영어 문제집에서 시험문제가 토씨 하나 바뀌지 않고 그대로 나왔다. 영어 선생님이 점찍은 문제집이라는 사실을 혼자 고이 간직했고, 그 덕에 중학교 1학년 영어 성적은 아주 우수했다.

어느 날 종례 시간, 담임 선생님께서 말씀하셨다.

"다음 주에 영어 암송 대회가 있데이. 각 반에서 2명씩 참가해야 되는데, 누가 해 볼끼고?"

"……."

"너거들, 아무도 참가 안 하면 오늘 집에 못 간데이!"

선생님께서는 오늘 아무도 귀가할 수 없다는 최후 통첩을 날리셨다. 중학교 1학년이지만 키 138cm였던 나는 남자 중학교에서 절대 약자였다. 친구들의 눈빛이 나에게 쏠리기 시작했다.

"빨리 결정하고 집에 가자!"

"그래, 준승이가 하면 되겠네?"

"맞다. 준승이가 이런 거 또 잘한다 아이가. 안 그렇나, 준승아?"

결국 몇 초 뒤 아이들의 강요 아닌 강요에 의해 대회에 참가하게 되었다. 무대 공포증이 있던 나는 그날이 오지 않기를 빌고 또 빌었다. 그러면서도 많은 관객들 앞에서 망신당하지 않기 위해 교과서 본문을 외우고 또 외웠다. 7과와 8과 본문을 다 외워서 낭송하면 되는 비교적 단순하지만, 당시로서는 무척 부담스러운 과제였다.

결전의 날, 아침 해는 '내 일 아니니, 흥미진진하겠는데?' 하듯 아무렇지 않게 떠올랐다.

"Mary raises birds." 메어리는 새들을 키워요.
"They are yellow." 그것들은 노란색이에요.
"They are pretty." 그것들은 예뻐요.

문장을 반복해서 외웠다. 요즘 중학교 1학년 수준과 비교하면 어마어마하게 쉬운 문장들이었지만 당시에는 너무너무 떨렸다. 대회 참가를 위해 대강당으로 이동했고 50여 명의 참가자는 공정하게 제비뽑기로 차례를 정했다.

'뜨악! 50명 중에 50번째라니!!'

나는 맨 마지막 차례라는 기막힌 결과를 받아들여야만 했고, 무대 뒤에서 친구들의 발표를 지켜보았다. 그런데 녀석들은 작정이나 한 듯 하나같이 본문을 제대로 외워 오지 않았다. 그렇게 49번째 참가자까지 완전히 말아 드셨다. 드디어 내 차례, 신이 주신 기회였다. 나는 'R' 발음을 멋지게 굴려 가며 외운 것을 입으로 표현했다. 결과는 1등이었다! 외워 온 사람이 나밖에 없어서 당연한 결과였다. 어쨌든 나는 난생 처음으로 1등을 했고, 유학파라도 된 것처럼 친구들 입에 자주 오르내렸다.

"와, 니 들었나? 준석이 발음 쥑이제?"

"와……. 나는 완전히 미국 사람인줄 알았다 아이가."

중학교 1학년이 되어 영어를 처음 접한 나에게 이러한 반응은 엄청난 기쁨이자 부담으로 작용했다. 특히 영어 수업 시간마다 선생님께서는 나에게 최대한 발음을 굴려서(?) 본문을 읽어 볼 것을 요구하셨다. 이뿐만이 아니었다. 쉬는 시간이면 단어장을 건네면서 발음해 볼 것을 부탁하는 친구들부터 영어 질문을 하는 친구들까지. 난 영어를 잘하는 게 아니라고! 일일이 설명하기도 그렇고 설명을 안 하려니 난감하고. 영어를 진짜 잘해야만 하는 큰 이유가 생겨 버렸다. 아아……, **신이시여!**

원어민 발음을 카피하다

친구들과 영어 선생님은 나의 영어 발음에 주목했다. 수업 시간에 내가 본문 구절을 읽을 때면 다들 침을 꿀꺽 삼킨 채 침묵을 유지했다. 그래서 나는 선생님이 일주일에 한 번씩 카세트를 들고와 원어민 목소리를 들려주시는 날만 손꼽아 기다렸다. 원어민 발음을 잘 익혀야 친구들 사이에서 자존심을 유지할 수 있었기 때문이다.

9단원 본문을 들을 때였나? 미식축구(American football)와 축구(Soccer)의 차이점을 공부하는 단원에서 아래의 문장이 나왔다. 선생님이 먼저 읽으셨고 우리가 따라 읽었다.

"You cannot run with the ball." 당신은 공을 가지고 달릴 수 없습니다.
(유 캔 낫 런 위더 더 볼)
"The balls are different." (축구와 미식축구에서는) 공이 다릅니다.
(더 볼즈 아 디퍼런트)

어미 제비의 모이를 받아먹으려는 새끼 제비들처럼 우리는 선생님의 발음을 열심히 따라 했다. 한 단락을 그렇게 기계적으로 따라 한 다음, 원어민 발음을 따라서 큰 소리로 외쳐 댔다. 그런데 참 이상했다. 선생님의 발음과 원어민의 발음이 전혀 달랐는데도 모든 친구들이 선생님의 구수한 발음을 그대로 따라 하는 것이었다.

'이상하네. 왜 이렇게 발음이 다르지? '볼(ball)'이라는 발음도 다르고, 'with the'도 원어민은 '윗더'라고 하는 거 같은데 선생님께서는 '위더 더'라고 하시네?'

질문을 하고 싶었지만 꾹 참았다. 대신 나는 원어민 발음을 따라 하기로 마음먹었다. 그렇게 한 학기, 두 학기 동안 원어민의 발음을 따라 하면서 기본기를 닦았다.

비단 학교 내에서만이 아니었다. 학교 밖에서도 나의 노력은 계속되었다. 당시 부모님 몰래 전자오락실을 열심히 다니던 나는 대부분의 게임이 영어로 진행되며 원어민 목소리가 나온다는 사실을 알고 있었다. '부모님이 화내시겠지만, 이것도 공부의 일부다!'라고 정당화하면서 몰래몰래 오락실을 다녔다. 그리고 내가 좋아했던 격투 게임 'Street Fighter(스트리트 파이터) 2', 'Fatal Fury(아랑

당시에 남학생이라면 모르는 사람이 없었던 스트리트 파이터 2.

숫자 발음에는 이 장면이 최고. 캐릭터 표정은 마음에 안 들지만, 성우의 목소리는 정말 멋있었다.

전설)' 등을 보면서 R과 F 발음을 익혔다.

"Round one. Fight!" 1라운드. 격투 시작!

매 경기가 시작될 때마다 '라운드'가 아니라 '롸~운'이라 발음하는 것을 쉽게 캐치할 수 있었다. 또 게임에서 지면, 화면에 동전을 얼른 넣으라는 표시로 카운트다운이 시작되는데 영어 발음이 아주 인상적이었다.

'나~인.'

'에잇.'

'세븐~.'

숫자 발음을 익히기에 안성맞춤이었다. 이렇게 익힌 개인기는 학교에서 재활용되었고, 친구들은 역시 영어는 '허준석'이라며 나를 치켜세웠다. 결국 영어는 내게 있어 교과목 중 하나이기도 하지만, 자존감의 큰 부분을 차지하게 되었다.

게임 엔딩에 나오는 영어를 적어 온 뒤, 영어 사전을 찾아보면서 해석하곤 했다. 문법적 지식 없이 단어 나열만으로도 꽤 정확한 해석이 가능했다.

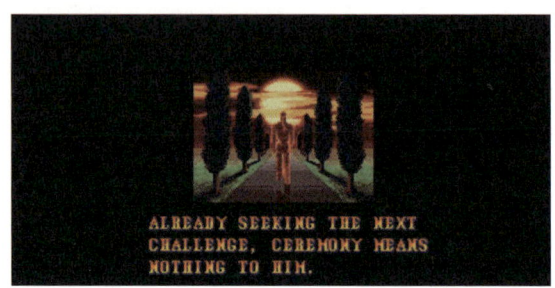

'이미 그다음 도전을 찾고 있기 때문에, (승리의) 세레머니는 그에게 아무 의미도 없다.'

영어 전공자의 좌절

수능, 시원하게 말아먹다

고등학교 진학 후 《성X 기본영어》, 《맨투X 기본영어》로 영어 공부를 했다. 주위 선배들이 전부 그 책으로 공부했기 때문에 내게는 필연적인 교재였다. 독해에 잘 적용되는 편이고, 학교 내신 대비에도 이만한 교재가 없었다. 특히 《맨투X 기본영어》의 경우, 중간중간 필자가 상당량의 숙어와 단어를 외우도록 강요 아닌 강요를 할 때가 많았다.

> ☞ A를 B로 간주하다
> regard A as B   look upon A as B
> see A as B   consider A (as) B

'에잇, 이걸 어떻게 다 외우라는 거야······.' 마음속으로 불만이 생길 때면 어김없이 다음 페이지에 '외우기 싫죠? 그럼 이 책 살 돈으로 빵이나 사 먹지 그랬어요?'라고 써 있는 것이다.

내가 나약해지려 할 때마다 이 책은 이런 방식으로 소통(?)을 권하였다. 결국 2권까지 마스터하고 나름대로 우수한 영어 성적을 유지할 수 있었다. 하지만 큰 문제가 있었다. 수업이 독해와 문법 위주라서, 중학교 때만큼 **영어로 읽거나 발표할 기회가 거의 없었다는 점**이다.

나의 발음을 뽐낼 기회가 없으니, 조금 아쉽기는 했다. 아니, 시간이 지날수록 많이 아쉬웠다. 친구들 사이에서의 존재감도 중학교 때만큼 없었고 자연스럽게 자존감도 하락했다. 그렇게 고1, 2가 지나 어느덧 수능이 다가오고 있었다. 떨어진 자존감처럼 장 기능이 좋지 않았던 나는 시험 때면 1교시에 화장실로 직행하는 안 좋은 습관이 있었다. 게다가 '십이지장궤양'이라는 몹쓸 지병이 있었다. 다행히도 수능 날은 큰일 없이 1교시 국어 시험을 무사히 넘겼다.

문제는 2교시 수학 시험이었다. 가장 자신 있었던 과목인데 너무 긴장한 탓인지 문제를 풀면서 '나 지금 망하고 있구나!'를 생생하게 느낄 수 있었다. 엄청난 타격을 받고 맞이한 점심시간. 허탈함을 느끼며 엄마가 싸 준 도시락을 울면서 맛있게도 먹었다. 참나, 눈물은 **아래로** 떨어지는데 숟가락은 잘도 **위로** 올라가더라. 총각김치를 우적우적 씹으며 결의를 다졌다.

결국 마지막 4교시 영어 시험 시간이 되었다. 영어는 듣기 문항으로 시작하고, 1번 문제는 수험생들의 긴장을 풀어 주기 위해 보통 아주 쉬운 문제로 출제된다. 그날도 예외는 아니었다. 아래와 같은 유형의 문제였다.

1. 대화를 듣고, 남자가 찾는 사람을 고르시오.

그때 생각하지도 못한 문제가 발생했다.

"담당 교사께서는 치직……, 라디오의 주파수를 잘 치직……, 조절해 주시고, 음…… 음량이 적절한지 살펴 주시기 바랍니다. 치직……."

감독 선생님께서 가져온 라디오의 주파수가 잘 맞지 않았다. 들리긴 들렸지만, 무척이나 찜찜한 상황에서 1번 문제가 시작되었다. 앞서 망친 수학 과목을 만회하려다 보니 잡음 소리가 몹시 신경 쓰였다. 잡음이 완전히 사라지고 나니 1번 문제의 절반 이상이 지났다. 멍……. 앞부분은 도저히 기억이 나지 않았고 제대로 들린 뒷부분에는 답이 없었다. 다음 문제가 나왔고 어쩔 수 없이 앞 번호에서 답을 하나 찍었다.

'아……, 사나이는 이렇게 또 웁니다.'

마음속으로 부르르 떨림이 느껴졌다.

'2번부터는 이런 실수를 하지 말자. 조심하자, 조심하자.'

마음속으로 수백 번 되뇌며 집중하여 수능을 치렀다. 시험을 마치고 무거운 마음으로 교문 밖을 나서자 부모님께서 기다리고 계셨다.

"잘 봤나? 수고했다."

"……잘 못 봤심더……."

"그래, 우짤끼고? 밥 묵자."

경상도식 대화는 이럴 때 큰 도움이 된다. 아무튼 그날 저녁 가채점을 해 보니 그해 내가 목표로 하던 대학은 진학할 수 없다는 결론이 나왔다. 부모님은 넌지시 재수를 권하셨다. 하지만 도박과도 같은 이 시간을 또다시 반복하고 싶지 않았다. 더 이상 수능 공부는 못하겠다고 말씀 드린 후 당해 입시에 모든 힘을 쏟기로 했다.

그리고 담임 선생님과의 대입 상담. 두둥.

"사범대라고? 교사해서 뭐할 낀데??"

교사이신 담임 선생님께서 **교사되는 것을 반대**하셨다. 그러자 왠지 더 하고 싶어졌다. 뭔가 좋은 게 있는 것 같았다.

결국 담임 선생님의 반대에도 모 대학 영어 교육과를 지원하여 합격했다. 난 당장이라도 교사가 된 것만 같았다. 영어 전공이라……. 교수님들은 다 원어민 혹은 그에 버금가는 실력으로 수업을 진행하실 것 같았고, 1~2년 후쯤이면 나도 원어민처럼 영어를 잘할 수 있을 것 같았다. 그렇게 나는 대학생이 되었다.

딱 봐도 순진무구한 학생. 작은 체구의 겁 많던 소년. 꽃다운 19세의 허준석 군.

전공자의 굴욕

나는 이제 영어 교육 전공자가 되었다. 당연히 교수님들께서는 영어로 수업을 진행하실 거라 생각했다. 영어로 토론하고, 원어민도 캠퍼스에 바글바글할 줄 알았다. 자랑스럽게 강의실 문을 열고 들어가 1학년 1학기 첫 수업을 들었다. 그런데…….

'영어 청해와 구두 표현.'

한국 교수님께서 열정적으로 수업을 진행하셨다. 구수한 한국식 발음으로.

옆 자리에 앉은 여자 동기와 짝을 이루어 교재에 나와 있는 영어 표현을 기계적으로 연습했다. 그런데 여자 동기가 발음을 할 때마다 깜짝 놀랐다. 나만 발음이 좋은 줄 알았는데, 그 친구의 발음이 훨씬 좋았고 특히 자신감이 어마어마했다. 알고 보니 외국어 고등학교 출신이었다. 아……, 세상은 참 넓구나. 과 내부에서도 영어를 잘하는 동기들을 쉽게 찾을 수 있었다. 그럴수록 내 부족함을 만회하기 위해서 얼른 원어민을 자주 만나 실력을 키우고 싶다는 생각이 불타올랐다.

'원어민을 만나서 영어를 실컷 쓸 거야. 그러다 보면 영어가 오성식 씨(한때 〈굿모닝 팝스〉의 진행자였으며, 대학교 4학년 때 베스트셀러를 출간한 당대 최고 영어 강사)처럼 엄청 늘겠지.'

일단 미국 교수님의 영어 회화 과목을 수강했다. 수업이 영어로 진행되니 그럴싸했다. 하지만 한 명의 교수님과 30명 수강생은 최악의 비율이었다. 제비도 모이를 줄 때 새끼가 다섯 마리가 채 안 된다. 어쩔 수 없이 우리는 서로 모이를 먹으려는 새끼 제비들처럼 부지런히 입을 놀려 댔다. 문제는 3시간 수업을 해도 원어민과 이야기할 수 있는 결정적 기회는 자주 오지 않았다는 것이다. 그렇게 의욕도 자신감도 잃어 갔다.

그러던 어느 날 복도를 지나가는 미국인 교수님을 우연히 보았다. 마침 나 혼자뿐이니 2~3분이라도 충분히 영어를 쓸 수 있으리라!

"Hi, how are you?" 안녕하세요, 어떠세요?

웃으면서 먼저 말을 건넸다.

"Hi, I'm all good. What are you doing here?"
안녕, 다 좋네. 자네 여기 어쩐 일인가?

교수님이 대답하셨다.

그런데 이건 내가 생각하던 대답이 아니었다. 머릿속에 일대 혼란이 왔다. 동시에 두 가지 의문이 들었다.

1. 어째서 "I'm fine. Thank you."로 대답하지 않는 거지?
2. 왜 "What are you doing here?(너 지금 여기서 뭐 하고 있니?)"라고 하는 거지? 복도 지나가고 있는 거 뻔히 보았는데? 내가 뭘 하고 있는지 정말 몰라서 묻는 건가?

영어 공부를 하다가 너무 당연하다고 믿었던 것이 깨져 버릴 때 한국 사람들에게는 큰 시련이 온다. 나는 정신을 차리고 멋진 대답을 궁리했지만, 머릿속은 이미 새하얘져 있었다. 정신 차리자, 준석아. 화제를 전환하는 거야. 간신히 다음 대화의 물꼬를 텄다.

"Did you have lunch?" 점심 드셨어요?
"Yes, I had lunch at ****. And blah blah~."
그럼. ****에서 점심 먹었지. 그러고 나서 ~ 했고.

교수님의 대답은 생각보다 훨씬 길었다. 2차 충격이 왔다. 왜 교과서에서 배운 대로 안 되는 거지? 이쯤 되면 탈출 본능이 온다.

"I am busy. Bye!" 전 바빠서요. 안녕히 가세요!
"Huh? Okay……." 응? 그, 그래…….

교수님과의 짧은 대화에서 온 충격이 회복되는 데 꼬박 한 달이 걸렸다.
이뿐만이 아니었다. 학과 사무실에 들렀더니 과 전체 학생을 대상으로 모의 토익이 있단다. 그래도 전공자인데 그냥 봐도 800점 (990점 만점) 정도는 거뜬히 나올 것 같았다. 구겨진 자존심도 회복할 겸 자신만만하게 시험을 봤다. 결과는? 대학생들이 평균 550점 정도 나온다는데 정확히 500점이 나왔다.

'에라, 영어 전공자가 이게 뭐냐? 군대나 가자! 군대 갔다 오면 뭐가 되도 되겠지.'

그렇게 육군에 지원했고, 대학교 2학년을 마치자마자 훈련받기 좋다는(?) 따뜻한 4월의 봄날에 입대했다. 평균도 안되는 영어 회화 실력, 600점도 안되는 토익 성적, 46kg의 왜소한 몸매의 나는 논산 훈련소로 향했다.

아무 준비 없이 무작정 입대한 육군. 영어 실력은 더 바닥을 친 채로 제대했다. 카투사라도 준비할걸……. 인생에는 늘 후회가 남는다.

어학연수의 허와 실

Now or never!

    2년 2개월. 군대에 갔다 오면 뭔가 될 줄 알았는데 정말 뭐가 되긴 했다. 머릿속이 공장 초기화되면서 가뜩이나 안되던 영어는 더 바닥으로 추락했다. 복학 후 한 학기 동안 수업을 들으면서 사태의 심각성을 실감했다. 어느 날, 복도에 앉아 있던 나에게 영어를 잘하기로 소문난 여자 후배가 지나가면서 한마디했다.

    "오빠, 어학연수 한번 갔다 오는 거 어때요? **오빤 영어 잘하니까** 6개월이면 나보다 훨씬 더 잘하게 될 거예요."

    "그래? 너도 어학연수 다녀왔니?"

    "네, 캐나다로 갔었어요. 완전 좋아요. 꼭 다녀와요. 유학원도 추천해 줄게요."

'오빤 영어 잘하니까.'

'오빤 영어 잘하니까.'

'오빤 영어 잘하니까.'

나의 잠재력을 알아봐 주는 후배가 너무 고마웠다. 이 말은 계속해서 귓가를 맴돌았고, 얼마 후 귀신에 홀린 듯 내 발걸음이 멈춘 곳은 그녀가 추천한 유학원이었다. 그래, 가는 거야! 초기화된 내 영어 실력을 바로잡고 만렙을 찍어서 오는 거야.

난생 처음 스스로 뭔가를 결정하고, 서류를 받아들고 열심히 고민했다. 홈스테이는 가급적 대가족에 애완동물이 있으면 좋겠다고 생각했고, 접근성을 고려해 시내에서 대중교통으로 쉽게 오갈 수 있는 곳을 골랐다. 스스로 뭔가를 결정하고 그 결과를 고스란히 책임져야 한다는 것. 부담스럽지만 준비 과정은 굉장히 보람 있었다.

하지만 의외의 복병이 있었다.

"안 돼! 어학연수는 절대로 안 된다!"

"아버지, 어머니. 제가 준비까지 다 했는데요. 보내 주시면 안 될까요?"

지금껏 뭔가를 크게 반대한 적 없던 부모님께서 격렬하게 반대하셨다.

"야, 사스가 얼마나 무서운지 아나? 니 사스 걸리면 죽는다."

사스(SARS)를 보통 싸스라고 발음하지만, 경상도 분이셨던 부모님은 사스란 발음으로 침을 튀겨 가며 극구 반대하셨다. 사스는

2002년 11월 중국 광동 지역을 중심으로 발병이 시작되어 수개월 만에 홍콩, 싱가포르, 캐나다 등 전 세계적으로 확산된 신종 전염병이었다. 당시에는 무척 심각한 상황이었다. 뉴스에서는 사스 관련 보도가 매일같이 나왔고, 사망자 관련 소식도 연이어 보도되었다.

솔직히 많이 무서웠다. 영어 공부하러 갔다가 죽으면 어떡하지? 난 이제 대학교 3학년인데……. 하지만 지금 아니면 다시는 외국에서 공부할 수 없을 것 같았다.

"준승아, 교사가 된 다음에 충분히 갈 수 있다. 꼭 보내 줄 테니 나중에 가라."

부모님께서 나를 설득하셨다. 하지만 귀에 들어오지 않았다. 훗날 일은 어떻게 될지 모르잖아? 무엇보다도 태어나서 스스로 가장 크게 저질러 놓은 일을 다시 거스르기 싫었다.

Now or never! 지금 아니면 할 수 없다.

결심이 섰다. 단호한 부모님께 더 단호한 목소리로 말했다.

"죽어도 가야겠습니다. 지금 아니면 영어 공부 제대로 못 할 것 같습니다."

지금도 이 결정은 '일생일대 가장 잘한 베스트 3' 안에 들어간다고 자부한다. 그렇게 2003년 7월이 다가왔다.

운수 좋은 날

드디어 끝판 대장 부모님의 승낙을 받아 냈다. 훗날 자력으로 장가가겠다는 전제하에 1,000만원의 지원을 받았다. 5개월 20일이라는 비교적 짧은 기간이었다. 비행기 표, 홈스테이 비용, 학원 수업료까지 계산하니 한 달에 용돈 15만 원 이상은 쓰기 어렵다는 계산이 나왔다.

서울에 가서 신체검사를 받고, 학생 비자도 받았다. 홈스테이도 확정했고, 비행기 표도 나왔다. 당시만 해도 또 여행 갈 일은 없을 거라 생각해 바보같이 단수 여권을 만들었다. 흑흑, 혼자 급히 진행하다 보니 누군가에게 피드백을 받지 않았던 게 한이 된다. 반면, 혹시 몰라 미국 비자는 10년 치나 받아 놨다. 여행자 수표도 몇 장 만들어 놓았다.

드디어 출발 전날. 잠은 안 오고 한숨만 나왔다. 다음 날 일정 때문이었다.

☞ **어학연수 준비 중 나의 치명적인 실수**
1. 당시 6개월 미만의 캐나다 어학연수는 학생 비자가 따로 필요 없었다.
2. 여권은 보통 복수 여권을 만들어야 한다. 한 번 외국에 갔다 오면 또 갈 일이 생긴다.
3. 여행자 수표가 안전하긴 하지만, 홈스테이에서는 현금을 선호했다.

내일 아침 김해 공항에서 김포 공항 가는 비행기를 타고, 거기서 다시 인천 공항을 가는 거다. 그다음 밴쿠버행 '에어 캐나다' 비행기를 탄다. 한 번도 외국에 나가 본 적이 없었던 터라 긴장한 나는 머릿속으로는 비행기를 열댓 번도 더 탔다. 그러다 까무룩 잠이 들었다.

"준석아, 준석아! 일어나라! 큰일 났데이!"

어머니께서 날 깨우셨다. 평소 나의 시간 감각을 100% 신뢰하지 않는 어머니셨기 때문에 대수롭지 않게 생각했다.

"왜? 몇 신데?"

퉁명스럽게 쏘아붙였다.

"밖에 봐라. 비 엄청 온다. 비행기 결항되는 거 아닌가 모르겠네. 큰일 났다."

오전 9시 비행기인데, 지금은 새벽 5시. 세상이 떠내려갈 정도로 비가 왔다. 튜브 타고 공항까지 가야 하나? 넋을 잃고 한참 동안 밖을 쳐다보았다.

'비가 와도 비행기는 뜨지 않을까? 혹여나 정말 비행기가 안 뜨면 어떡하지?'

아버지도 나도 멀뚱멀뚱 하늘만 보고 있었다. 그러는 사이 어머니께서는 혼자 바쁘셨다. 공항 매점에 근무하는 지인에게 전화를 걸어 자초지종을 설명하고는 한참 동안 전화기를 붙잡고 대화를 이어 나가셨다.

새벽 6시. 수화기를 계속 붙잡고 있던 어머니께서 말씀하셨다.

"이 시간, 김해 공항 모든 비행기 다 결항이란다. 우짜꼬?"

그래, 비행기가 안 되면 기차가 있다. 절친했던 대학 동기 김 군에게 새벽 6시부터 전화를 걸었다. 우리 집에는 없고 김 군 자취방에 있는 그것, 인터넷을 찾아서.

"야, 나 준석인데, 기차표 좀 예매해 줘. 8시경에 구포에서 서울 가는 걸로."

"그래, 무궁화로 해 줄까, 새마을로 해 줄까?"

"나 오후 3시 비행기니까 무궁화는 늦다. 5시간 걸린다. 새마을로 해 줘."

"알았어."

잠시 후 표를 끊었다는 연락이 왔다. 표를 끊었으니 얼른 구포역으로 가야 했다. 새벽 6시 30분경. 대충 씻고, 가방을 다시 한 번 열어 보았다. 이상 무! 우산을 집어 들고, 무지막지하게 큰 이민자 가방(?)을 들고 어머니, 아버지와 함께 집 앞으로 나왔다. 10분을 기다렸지만 도로에는 차 한 대 보이지 않았다.

콜택시 번호를 눌렀지만, 전화를 받지 않았다. 하는 수 없이 어머니께서 개인적으로 아는 택시 기사님께 전화를 걸어 부탁했지만, 야간 운행을 마친 후 방금 귀가했다고 정중히 거절하셨다. 그 사이에 아버지는 아버지대로 윗동네 아파트에 사는 지인 분께 부탁하셨다. 다행히도 그분은 흔쾌히 허락하셨다.

하지만, 지인 분은 **오지 않으셨다**. 어느덧 7시가 넘었다. 8시 10분 기차인데, 심장이 터질 것만 같았다. 아버지께서 재차 전화를 걸었다.

"미안해요. 누가 내 차 앞에 2단 주차를 했는데, 전화를 안 받네. 차를 못 뺄 것 같은데 어떡하나?"

다리에 힘이 풀렸다. 우리 세 사람은 비를 맞을 대로 맞았다. 어느덧 7시 30분. 출발까지 30분 남짓 남았다. 택시를 잡는다 해도 만만치 않은 시간이었다. 하지만 어머니는 불꽃 아줌마였다. 마침 고개에서 내려오던 택시를 향해 정말 미친 사람처럼 손을 흔들어 댔다.

"택시~!"

끼익, 쏴아.

택시가 정확히 우리 집 앞에 섰다. 아아, 평소 지나치던 택시에 한 번도 느끼지 못했던 진한 감동이 물밀 듯 밀려왔다. 짐을 실으라고 트렁크가 팅 열렸다. 헉! 트렁크에 내 이민자 가방이 들어가지 않았다. 어머니께서 조수석에 앉고, 나는 그 큰 짐을 안은 채로 뒷좌석에 몸을 구긴 채 구포역으로 출발했다. 멀리서 잘 다녀오라는 아버지의 목소리는 빗줄기에 묻혀 버렸다.

"휴……."

택시는 몇 번이나 신호를 무시했다. 덕분에 정확히 5분 남기고 구포역 앞에 도착했다. 당시에는 엘리베이터, 에스컬레이터도 없었기 때문에 그 무거운 짐을 들고 2층까지 서둘러 뛰어 올라갔다.

"헉헉……."

숨이 턱밑까지 차올랐다. 계단에서 발을 잠시 삐끗했다. 1분, 1분이 이렇게 귀하다니! 체력이 완전히 방전되어 잠시 쉬며 전광판을 바라보던 찰나였다.

'기차 3분 지연.'

'못할 것도 없겠구나!'라는 생각이 들었다. 그렇게 극적으로 플랫폼에 도착했다.

당시 내 모습은 정말 '난민'이라는 표현이 적절했다. 비에 온몸이 홀딱 젖었고, 머리에서는 김이 모락모락 솟아올랐으며 한 손으론 '뺏기기 싫어요'라고 쓰인 듯한 초대형 이민자 가방을 들고 있었으니 말이다.

곧 기차가 왔고, 어머니와 짧은 인사를 나눈 뒤 급히 몸을 실었다. 그런데 시련은 끝이 아니었다.

젠장! 이 표현은 쓰고 싶지 않았는데, 가방이 너무 커서 객실 통로를 지나갈 수가 없었다. 또다시 그 무거운 가방을 들고 복도 끝까지 비틀비틀 걸어갔다. 당연히 선반 위에도 올릴 수 없는 크기였다. 어쩔 수 없이 통로 제일 뒤쪽에 가방을 살짝 두고 승객들이 지나갈 때마다 들었다 놨다를 반복했다. 편히 쉴 수도 없었다.

갑자기 손이 따끔따끔했다. 언제 그랬는지, 오른손 한가운데가 찢어져서 피가 샘솟고 있었다. 서러웠다. 굵은 눈물방울이 뚝뚝 떨어졌다.

'에잇, 이렇게까지 영어 공부를 해야 하나? 이왕 이렇게 된 거 가서 미친 듯이 공부해야지!'

마음속으로 이를 갈면서 다짐했다. 그사이 기차는 영등포에 무사히 도착하였다. 오전의 일을 신께서 불쌍히 여기신 듯 셔틀버스로 인천 공항까지 가는 길은 순탄대로였다. 짐을 부치고 밴쿠버행 비행기에 몸을 실었다. 그리고 정확히 12시간 30분 뒤 캐나다에 첫 걸음을 내딛었다. 가족 중 처음으로 외국에 발을 딛었는지라, 달 착륙을 한 닐 암스트롱도 부럽지 않았다.

내 어학연수를 살찌운 사람들

밴쿠버에 도착하자마자 홈스테이 할 집으로 이동했다. 그곳에서 아주머니의 영어 속도가 속사포처럼 빠르다는 데 한 번 놀랐고, '짐 풀고 싶어요(I want to unpack my luggage).' 정도도 영어로 표현하지 못하는 내 영어 실력에 또 한 번 놀랐다.

숨 돌릴 틈도 없이 아주머니께서 내 생활 전반에 대해 안내를 해 주셨다. 앞으로 다닐 학원까지 갈 버스 타는 법을 알려 주시고, 'London Drug'라는 마트에 가서 한 달 정액 승차권도 사 주셨다. 곧 저녁이 되었고, 가족들이 모두 한자리에 모였다.

아버지, 어머니, 둘째 아들 패리드(Farid), 셋째 아들 머래드(Mourad), 막내 딸 로나(Rona)까지 총 5명이었다. 첫째 아들 찰리(Charlie)는 이미 결혼해서 출가한 뒤였다.

돌이켜 보건대 내 영어 실력의 폭발적인 성장에는 3남매의 도움이 무척 컸다.

둘째 형 패리드(Farid) 생활 밀착형 학습

첫째 아들 찰리의 출가 후 실질적으로 그 집 3남매의 왕고참이 된 패리드(Farid). 은행원이었으며 여자 친구와 결혼을 앞두고 있었다. 나의 형편없는 영어에 아주 침착하게 대응했으며, 내 영어 실력을 늘리기 위해 밤마다 본인의 부업인 청소 아르바이트 장소에 데려갔다. 시내 근처 병원에 주차를 한 뒤, 뒷문을 열어 병원 청소를 했는데, 군필자였던 나의 청소 실력에 감탄하여 그 뒤로는 꼭 나를 데려갔다.

청소만 시키기에 미안했던 그는, 나에게 이런저런 질문을 계속 던져 주었다. 각자 다른 곳을 청소하면서도 대화를 이어 가기 위해 끊임없이 그의 목소리에 귀를 기울여야 했다. 학원에서 공부했던 내용 중 도저히 이해되지 않는 표현이나 평소 궁금했던 표현을 온몸으로 질문하여 대답을 이끌어 냈다. 그리고 그때부터 '준석이의 영어 노트'를 정리하기 시작했다.

청소 후에는 상쾌한 밤공기를 마시며 함께 야간 드라이브를 하곤 했다. 멋진 팝송이 나올 때면 패리드는 가사가 멋지지 않냐고 참 많이도 물었지만, 그때마다 '이해가 되지 않는다'라는 나의 무안한 대답으로 대화가 끊기

곤 했다. 그럼에도, 공짜로 일을 시킨 데 대한 미안함에 패리드는 끊임없이 말을 걸어 주었고, 나의 영어 말하기에 큰 용기를 불어넣어 주었다.

또 그는 많은 슬랭(Slang)을 가르쳐 주었다. 가끔 원어민들이 'Where did you pick up your English(너 영어 어디서 배웠니)?'라며 놀라곤 하는데, 대부분이 나의 스승 패리드로부터 배운 것이다.

어학연수 막바지에는 내 체력 보강을 위해 헬스장에 자주 데려갔다. 하지만 너무 과도하게 운동을 시키는 바람에 운동에 치를 떨게 만들기도 했다. 어느 날 함께 수영장에 가서 내 수영 실력을 본 뒤로 놀랐는지 다시는 같이 운동을 가지 않았다.

지금도 가끔 연락하며 지내는데, 밴쿠버의 서리(Surrey)에 정착해 당시 약혼녀였던 멜리사와 결혼하여 아이들과 함께 잘 살고 있다.

셋째 형 머래드(Mourad) 컴퓨터 전문가, 조언자

가장 오른쪽이 멋진 머래드 형이다.

셋째 아들이지만 가장 키가 컸던 머래드는 컴퓨터 엔지니어였다. 쿨하고 입담이 좋았으며, 잘생기기까지 해서 주말이면 많은 친구들이 집으로 놀러왔다. 보드게임을 즐겼는데, 하필 내 방 앞에서 보드게임 판을 벌이곤 했다. 그 탓에 영어가 짧던 시절, 화장실에 가고 싶어도 반나절 동안 문을 못 연 적도 있었다. 내 인내심은 그때 다 키워진 것 같다.

머래드는 아이스하키도 무척 잘했다. 고등학교 때까지 선수를 하려고 했을 정도로 실력이 뛰어났으며 득점왕도 여러 번 했다고 한다. 성인이 된 뒤 직장인 리그에서도 두각을 드러냈고, 한번씩 주인 아저씨와 함께 버나비(Burnaby)에 있는 실내 링크에 응원을 가기도 했다. 캐나다인들의 아이스하키에 대한 열정을 몸소 느낄 수 있었다.

머래드는 말을 아주 차분하게 했기 때문에, 개인적인 문제가 생길 때면 패리드보다 머래드를 찾아 이야기했다. 그것에 패리드는 남모를 질투를 느껴 우리 둘이 대화할 때마다 나를 '게이'라고 놀리며 같이 청소나 하러 가자고 했다.

여하튼 머래드는 하키나 컴퓨터 관련 용어에 대해 자주 이야기해 주었으며, 주말 소프트볼 리그를 갈 때면 꼭 나를 데려가 구경시켜 주었다. 게임이 끝난 다음 핫도그 파티에도 함께하도록 해 준 고마운 형이다. 머래드 형에게는 가장 점잖은 영어를 배운 것 같다.

막내이자 나랑 동갑 로나(Rona) 싸움 서열 1위, 발음 및 거친(?) 영어 담당

동갑이라 쉽게 친해질 것 같았지만, 한동안 그녀의 포스에 눌려 다가가기 쉽지 않았다. 나, 군필자인데…….

나보다 작고 여리여리한 체구에 나와 동갑이라서 처음에는 만만하게 봤다. 심지어 막내라 집안 서열 최하위라 생각했지만 잘못된 판단이었다. 오빠들과의 말싸움에서 절대 지지 않고, 부모님께도 당당하게 할 말을 다 하는 어엿한 23세 성인이었다.

어느 날 저녁, 주인 아저씨랑 둘이 이야기를 나누는데, 딸 로나가 고등학교 때 싸움을 많이 하는 바람에 학교에 많이 불려 다니셨다고 했다. 고등학교 시절 '주먹' 꿈나무였다고 했다. 그날 이후로 나는 로나에게 까불지 않았다. 늘 잘 챙겨 주는 시늉을 하고, 나한테 말을 걸어 오면 공부하는 척을 했다. 로나는 그런 내가 귀여웠던지 보던 책을 뺏어 질문 세례를 시작했다. 나의 발음에 말문이 막혔던지 이제부터 발음 교육을 시키겠다며, 밴쿠버 지역 신문인 《Vancouver Sun》지를 매일 들고 와서 신문 기사를 직접 읽게 했다.

그녀는 외출하는 날을 제외하고는 신문 기사를 꼭 읽게 하고 무슨 뜻인지 물어보았다. 그리고 나의 발음에 버터를 발라 주었으며, 복습도 시켜 주었다. 지금 생각해 보면 그때가 은근히 무섭지만 기대되는 시간이기도 했다. 자기 전에 누워 라디오로 뉴스를 듣다 보면, 그녀가 가르쳐 줬던 표현이나 내용이 종종 나왔고 그때마다 감탄하다 지쳐 꿈나라로 가곤 했다. 지금은 결혼해서 육아와 직장을 병행하며 살아가는 유쾌한 로나. 그녀는 나의 발음과 다양한 표현을 담당하는 선생님이었다. 고, 고마워. 치, 친구야!

홈스테이 부모님과 학원 선생님 칼(Carl) 현지 부모님과 최고의 선생님

내 인생 최고의 선생님 중 한 분인 칼(Carl)

미란다 아주머니. 자식들과 나를 똑같이 정성껏 대해 주셨다. 사랑합니다!

홈스테이 주인이었던 살지(Mr. Salji) 아저씨와 미란다(Miranda) 아주머니. 레바논에서 캐나다로 망명을 와 밴쿠버에 뿌리를 내린 분들이다. 내가 홈스테이로 들어갔을 때 아저씨는 이미 은퇴하셨고 남는 여가 시간에 나를 데리고 여기저기를 돌아다니셨다. 아이스하키 경기부터 주말 잡화 쇼핑까지 다양한 체험을 시켜 주셨고, 지인들을 만날 때마다 나를 양아들이라고 소개하는 등 각별한 애정을 표해 주셨다. 몇 년 전 하늘나라로 가셨다는 소식을 들었을 때는 정말 오묘한 감정이 교차했다.

아주머니는 요리사로 일하셨는데 영어, 아랍어, 불어를 구사하는 대단한 분이셨다. 영어 발음에 약간 특이한 악센트가 있어서 초반 영어 듣기에 큰 위기를 가져다주셨다. 직장 생활을 하면서도 세 자녀의 도시락과 내 도시락까지 매일 싸 주는 초인적 능력을 발휘하셨다. 어느 날 도시락 내용물을 비교해 보니 완전히 똑같아 '정말 나를 차별 없이 신경 써 주시는구나' 하고 생각했다.

마지막으로 학원 선생님이셨던 칼(Carl). 정말 자상하셨고 나의 이상한 영어에도 끝까지 귀 기울여 주셨다. 특히 무작정 영어 일기를 써 가서 보여 드려도 성의 있게 첨삭해 주셨고, 학원 내 다양한 프로그램을 체험할 수 있도록 일정을 잘 조정해 주셨다. 그의 인내심과 경청하는 자세는 지금도 생생하며, 내 교직관에도 큰 영향을 미쳤다.

어학연수의 그림자

사실 한국에 있을 때는 영어권 국가에 가기만 하면 모든 것이 해결될 줄 알았다. 영어 전공자였기 때문에 어학연수 초반에 힘들더라도 금세 적응할 것 같았다. 그래서 군 제대 후 따로 영어 공부를 하지 않고 어학연수를 위한 서류 준비에만 열을 올렸다.

하지만 현지에 도착한 첫날부터 당장 나는 외지인이었고 내 영어 실력은 현지 초등학생보다도 못하다는 사실을 받아들여야만 했다. 이 자리를 빌려 어떤 점이 가장 힘들었는지 조목조목 짚어 보고자 한다.

> **듣기** 학원에서는 그럭저럭 들리는데, 교실 밖 세상으로만 나가면 무슨 말인지 이해가 안 된다.

참 희한한 현상이다. 한국에서 수능 볼 때 실수를 하기는 했지만 듣기는 늘 거의 만점이었다. 또 토익 시험을 처음 볼 때는 500점이었지만, 군대 가기 전에는 785점까지 나온 적도 있었다. 듣기 점수는 495점 만점에 최고 370점 정도는 나왔다. 훌륭한 성적은 아니지만 못하는 편은 아니라고 생각했다.

하.지.만. 현지에서 내 듣기 실력은 정말 형편없는 수준이었다. 그나마 학원에서 선생님들과 친구들이 하는 말은 신기하게도 잘 들렸다. 지금 와서 생각해 보면 그 이유는 이렇다.

1. 선생님들은 Teacher Talk, 즉 학생들에게 또박또박 말씀해 주신다.
2. 학원이나 학교에서는 일과가 반복되기 때문에 시간이 지나면 눈치만으로도 대략 활동을 따라갈 수 있다.
3. 시간이 지나 친구들, 선생님들과 친해지면 그 사람들의 습성에 익숙해지기 때문에 편안한 상태에서 온전히 그들의 말에 집중할 수 있다.
4. 학교나 학원은 비교적 소음이 적어 야외나 전화상보다 소리를 훨씬 선명하게 들을 수 있다.

한 반에서 같이 수업 받는 친구들의 말은 시간이 지나면서 적응이 된다. 단, 맨날 하는 말만 하거나 어울리는 친구들하고만 어울리는 경향이 있긴 하다.

반면, 학원 밖으로만 나가면 귀에 소시지라도 꽂힌 것처럼 원어민들의 말이 잘 들리지 않았다. 그 이유는 이렇다.

> 1. 학원이나 학교에 비해 어떤 말이 갑자기 나올지 예측하기 어렵다.
> 2. 그간 접하지 못했던 다양한 사람들의 다양한 스타일의 말을 예상하지 못한 타이밍에 듣고 해석해야 한다.
> 3. 실외에서는 교실만큼 소리가 선명하게 들리지 않는다. 백색소음이 많다. 간혹 지하철이나 버스만 타도 안내 방송을 알아듣기 힘들다.
> 4. 일반적인 원어민들은 처음 나를 보면 당연히 영어를 잘할 거라 생각해서 말을 빨리 한다. 혹은 영어를 못한다는 사실을 알아채더라도 별다른 배려 없이 빨리 말하는 사람들도 있다. 정말 나쁜 경우, 영어를 잘하는 외국인의 영어를 못 알아듣는 척 차별하는 원어민들도 있다.

이와 같이 영어 듣기의 벽은 높았다. 일반적으로 어학연수를 준비 없이 간 사람들의 경험에 따르면, 그래도 내 한 몸 건사할 정도로 듣기 실력을 다듬는 데 거의 6개월~1년 정도가 걸린다고 했다. 말하기는 말할 것도 없다.

'헉! 나는 고작 5개월 20일 있을 건데 그럼 듣기도 마스터하지 못하고 돌아가겠군.'

이 생각은 내 마음속에 늘 큰 짐이요, 부담이었다. 한번은 듣기만 전문으로 가르치는 또 다른 학원에 시범 수업(보통 deposit 보증금을 걸고 무료로 수업을 제공한다)을 들으러 간 적이 있다. 엄청나게 많은 학생들이 강의를 듣는 모습에 돌로 머리를 맞은 듯한 느낌이었다.

　강사 한 명이 영어 뉴스를 틀어 주고, 수많은 학생들이 영어 받아쓰기를 하고 있었다. 학생들은 토씨 하나 빠뜨리지 않고 받아쓰기를 했다. 이런! **이 공부는 한국에서도 충분히 할 수 있는 방법 아닌가?** 그런데 왜 이 많은 사람들은 돈을 내고 외국까지 나와서 굳이 이러고 있을까? 많은 것을 느끼는 순간이었다. 문제는 비단 듣기뿐만이 아니었다.

> ☞ **말하기** 도저히 답이 안 나오는 한국인들의 난제

　어학연수 중 가장 두려웠던 것은, 영어를 유창하게 하는 연수생을 거의 발견하지 못했다는 점이었다. 최대 4년째 연수 중인 한국인도 만나 보았지만, 생각보다 영어를 유창하게 구사하지 못했다. 나도 그렇게 될까 봐 덜컥 겁이 났다.

　당시 내 목표치가 원어민 수준의 구사력이었기 때문에 다소 허황됐을 수도 있다. 하지만 학원을 오가며 만난 3~4개월에서 1년 차의 연수생들 중 영어를 맛깔나게 구사하는 이들은 거의 없었다. 현지인들이 쓰는 표현을 어느 정도 익힌 사람들은 있어도, 자신의 생각을 발표하라고 하면 남미나 유럽에서 온 학생들만큼 잘하는 한국인들은 거의 없었다. 그래서 한국에서 온 연수생들의 특징을 분석해 보았다. 다 이렇다는 것은 아니니 오해는 말자.

1. 영어로 말할 때 적어도 일본 사람들보다는 발음이 좋다고 생각한다.
2. 영어 문법에 맞지 않으면 누가 지적할까 봐 표현을 잘 하지 않는다.
3. 학원이나 학교에서 게임이나 읽기 활동 등은 잘 따라가는 편이지만, 토론이나 발표는 주어진 분량만 겨우 소화하고 최선을 다했다고 생각한다.
4. 모르는 표현이 있을 때 질문하지 않고, 알아들은 척 미소를 짓거나 'yes'를 남발한다. 남들이 웃으면 재빨리 따라 웃는다.

이런 현상을 흔하게 접하다 보니 많은 한국 연수생들이 전반적으로 효율적으로 공부하지 못한다는 인상을 받게 되었다. 자아실현을 하겠다고 학교를 1~2주간 빼먹고 무작정 동부 여행을 떠나는 학생들도 꽤 봤다. 언어 학습을 목표로 놓았을 때, 내 기준에서 어학연수에는 희망이 없어 보였다. 그래서 보통 어떤 식으로 어학연수를 망치기 쉬운지 정리해 보았다. 주위에 어학연수를 떠나는 소중한 지인이 있으면 보여주고 정신 바짝 차리라고 충고해 주기 바란다.

어학연수를 망치는 흔한 과정

1. 홈스테이를 하면서 학교나 학원에 열심히 다니기 시작한다.
2. 음식이 안 맞거나, 홈스테이 도중 의사소통 문제로 사소한 갈등이 시작된다.
3. 갈등을 제때 적극적으로 해결하지 않거나 표현을 잘못해서 문제가 더 커진다.
4. 이 고민을 우연히 만난 한국인 연수생과 공유하다가 서로 격하게 공감하고, 각자의 홈스테이를 나오기로 결심한다.
5. 반반씩 돈을 부담해 자취를 시작한다.
6. 영어의 생활화를 위해 집에서는 영어로만 대화하기로 약속하지만, 언젠가부터 서로 영어로 인사만 하고 방으로 들어가 버린다.
7. 가까운 일본 친구들이나 남미 친구들과 어울리다 보니 영어가 아닌 다른 언어가 조금씩 늘기 시작한다.
8. 친구들이 들려주는 여행 이야기에 자신도 가 보고 싶어진다. 결국 거금을 투자해 자아실현을 하고 돌아온다.
9. 귀국 날이 서서히 다가오자, 늘지 않은 영어 실력 때문에 덜컥 겁이 난다. 한국에서 가져온 문법 책과 토익 책을 오랜만에 꺼내 동네 도서관이나 커피숍으로 향한다. 용한 튜터(tutor, 개인지도교사)를 소개해 달라고 주위에 수소문하거나 온라인 카페에 정보를 구한다.
10. 남학생들은 영어를 제외한 다른 언어가 애매하게 늘고, 여학생들은 맛있는 고칼로리 음식들 때문에 살이 꽤 찐다. 또 남학생들은 귀국을 앞두고 외국인 이성친구와의 교제를 이어 나갈 것인지 심각하게 고민한다. 여학생들은 귀국 날 공항에서 가족들이 살찐 자신을 몰라볼까 봐 폭풍 다이어트를 한다.
11. 귀국 후, 영어가 얼마나 늘었는지를 확인하려는 가족 및 지인들의 빗발치는 요구 때문에 몰래 토익 공부를 미친 듯이 한다. '이 정도로 어학연수 때 공부했다면 진작 성공했을 텐데' 하는 후회가 든다.

어학연수를 다녀온 사람들이라면 100% 다 공감하진 못하더라도 이런 흐름이 빈번하다는 사실을 알 것이다. 나 역시 위의 흐름대로 갈 뻔한 적이 여러 번 있었지만, 비교적 잘 버텼다. 그럼에도 불구하고 어학연수와 워킹 홀리데이를 막연히 동경하는 사람들이 많다.

오늘도 누군가는 시행착오를 하고 있을 것이고, 또 누군가는 이런 사실을 전혀 모른 채 공항으로 향하고 있을 것이다. 제발, 준비 단단히 하고 가시라. 어학연수든 워킹 홀리데이든 간다고 해서 저절로 영어가 되는 것이 아니다. **기본적인 것은 미리 공부하고 가야 한다.** 그래야 영어를 본격적으로 공부할 수 있다.

난 끝까지 한국 사람들과 많이 어울리지 않았다. 5개월쯤 지나서야 한국 사람들과 교류했고 곧장 귀국했다. 한국에 와서 다시 만나면 된다고 아쉬움을 달랬다.

어학연수 성공 방법

출발 전 성공의 70~80%가 달려 있다!

1. 홈스테이를 잘 선택하라.
   - 가족이 많아야 좋다. (부모님, 자녀는 2명 이상 권장)
2. 되도록 한국 사람들이 많지 않은 학원, 학교, 지역을 선택해서 영어 공부의 필요성을 높여라.
3. 한국에서 접할 수 있는 중학 수준 이상의 간단한 영문법 책을 꼭 한번 보고 가길 바란다. 현지에서 문법 책 들고 얌전히 도서관만 왔다 갔다 하는 안타까운 학생들을 꽤 많이 봤다.
4. 현지에 도착하면 리스닝(듣기) 때문에 무너진다. 가기 전에 외국이라 생각하고 미드(미국 드라마), 뉴스 등을 통해 생생한 영어를 많이 듣고 가라. 특히 미드는 여러 에피소드를 한꺼번에 보려고 하기보다는, 하나의 에피소드를 무한 반복 시청하여 문장을 완전히 외우고 가면 큰 도움이 된다.

> **현지에서** 혼신을 다해 공부하지 않으면 어설픈 여행만 한 것이 된다.

1. 첫 주를 알차게 보내라. 대중교통 사용 방법, 은행 계좌 개설 방법, 슈퍼마켓 위치나 학교(학원)까지 가는 방법 등을 충분히 익혀라. 또 내가 다닐 주변의 간판이나 영어 게시판 등을 사진으로 일일이 찍어서 해석을 해 봐라. 주변이 눈에 익으면 좀 더 활동적으로 생활할 수 있다.

2. 현지 라디오를 자주 들어라. 그 지역의 현재 이슈가 하루 종일 반복해서 나오기 때문에 익숙해지면 꽤 잘 들리고 좋은 정보도 얻을 수 있다. 무시무시한 속도지만 반복할 만한 가치가 있다. 아침에 일어나서 그리고 자기 전에 규칙적으로 청취하라.

3. 일주일에 지역신문 1면을 한 번 정도 봐라. 라디오에서 나온 단어나 표현 중 겹치는 것이 분명히 있다. 기록하고 정리하라. 또 그 내용을 가지고 홈스테이 가족이나 학교(학원) 선생님들과 이야기해 봐라. 등줄기에 땀이 나고 말문이 계속 막히는 경험을 하겠지만, 결과적으로 영어가 아주 많이 는다.

4. 외롭다고, 혹은 홈스테이 가족과 사소한 마찰이 있다고 한국 친구나 영어가 모국어가 아닌 친구들과 과도하게 어울리지 마라. 내가 주도할 수 있는 주제, 가령 한국 음식이나 게임, 연예인들을 소개해 주는 식으로 대화를 이끌어 나가는 경험을 만들어라.

5. 일주일에 2~3회, 3~4문장이라도 꼭 일기를 쓰고, 가족들이나 학교 선생님들에게 첨삭을 부탁하라. 반복되는 실수를 잡을 수 있어 좋다. 또 가족들이 장을 보러 가거나, 파티를 간다면 꼭 함께하라. 현지화되기 위해 최선을 다해야 한다. 등줄기에 흐르는 땀은 절대 배신하지 않는다!

한국에서 만난 교포들

대학교 4학년, 임용 공부로부터 2주간 탈출

　어학연수에서 돌아온 뒤, 나는 바로 4학년으로 복학했다. 문제는 사범대학교 4학년들이 거의 대부분 '임용고사'를 준비한다는 것이었다. 대부분의 스터디 모임은 진작에 시작된 상황이라 끼기 어려웠고, 많은 후배들은 이미 기차를 타고 노량진까지 가서 전공과 교육학 강의를 듣고 있었다. 전쟁의 시작이랄까.

　더 이상 부모님께 지원을 요청하기도 염치가 없었고, 어학연수까지 다녀왔기 때문에 한 번에 임용고사를 통과해야 할 것 같은 의무감도 들었다. 하지만 스터디 모임에 가입하지 않고 임용고사를 준비하기란 무리였다. 그래서 친한 여자 후배들을 복도에서 만날 때마다 한 명만 더 받아 달라고 애걸복걸했다.

결국 더 이상의 충원은 없다는 조건하에 과에서 가장 우수한 스터디 모임의 멤버가 되었다. 나 빼고는 전부 여학생이었다. 그런데 막상 스터디를 시작하니 내가 모르는 전공 지식이 너무 많았다. 반면 그녀들의 언변은 아주 출중하여 이미 교사 같다는 인상을 주었다. 그렇게 외계어를 대하는 심정으로 매일매일 공부했다. 시간이 흘러 한 학기가 쏜살같이 지나 여름 방학이 되었다. 마침 학교 홈페이지에 아르바이트 공지가 떴다.

'여름방학 동안 EPIK(Education Program in Korea)와 함께할 학생들을 구합니다. 한국에서 2주간 합숙하는 영미권 국가 출신 예비 원어민 교사들을 관리 감독하면 됩니다. 출석, 기숙사 생활 관리, 간단한 통역이 주 업무이며, 2주간 숙식이 제공됩니다. 토익 고득점자 우대합니다.'

와우! 내가 그토록 원하던 원어민 바다에서 헤엄칠 수 있는 절호의 찬스! 내가 대학교 4학년생이라는 사실만 빼면 완벽했다. 다행히 귀국하자마자 토익 점수는 넉넉히 따 두었다. 990점 만점에 955점. 이게 다 홈스테이 중 날 도와준 식구들 덕분이었다. 일단 지원서를 제출했고 결과를 기다렸다.

그런데 이 소식을 들은 주변에서 다들 한마디씩 거들었다.

"야, 임용고사 며칠 남지도 않았는데 왜 그래?"

"오빠, 방학 때 2주면 타격이 클 것 같은데요."

"형, 와……. 꼭 잘하고 오세요!"

칭찬과 격려에는 귀를 열고, 나머지 말에는 귀를 막았다. 어떻게 해서든지 원어민과 영어로 끝장 토론을 하고 싶었다. 4학년인데 꼭 해야겠냐는 담당자의 말에도 굴하지 않고 당당히 지원해 뽑혔다. 그렇게 2주간의 아르바이트 생활이 시작되었다.

첫날에는 무척 떨렸다. 원어민들이 구름 떼처럼 몰려올 시간. 나는 같이 일할 아르바이트생들과 함께 배분할 이름표, 원어민들이 묵을 숙소의 열쇠, 명단 등을 꼼꼼히 챙겼다. 최근에 해외에 다녀왔다는 이유로 모두들 내가 영어로 리드할 것을 기대하는 분위기였다.

문이 열리고, 외국인들이 하나둘 나타날 줄 알았는데 그게 아니었다. 갑자기 수십 명이 들이닥쳤다. 그 넓은 복도가 금세 가방과 캐리어를 든 외국인들로 가득 찼다. 우리는 매우 당황했다. 내가 침착하게 명단을 보고, 사람들의 이름을 읽어 내려갔다.

"음……, 캘리 크팔스……."

"어……, 론다 에…… 에……."

아차! 당연히 쉬울 거라 생각했는데, 원어민들의 이름을 제대로 발음하기가 무척 힘들었다. 내가 망설이는 사이 문을 열고 더 많은 사람들이 들어왔고 난리가 났다. 사람들이 서 있던 줄은 금세 엉망이 되었고 각자 자신의 명찰과 방 열쇠를 찾기 위해 북새통을 이루었다. 내 등과 이마에서는 연신 굵은 땀방울이 솟구쳤다. 고급 영어고 뭐고, 앞사람들이 얼른 방 열쇠를 찾아 들어가야 뒷사람들을 수습할 수 있겠다는 판단이 들었다.

"Hey, guys! Can you hear me?" 이봐요! 제 목소리 들려요?

"You know, we are busy and we need your help." 아시다시피, 우리는 바쁘고, 당신들의 도움이 필요해요.

"So I want you guys THERE to come up right here and find your name. And I want you guys HERE to come to that guy to find your name on the list. Thank you for your cooperation." 그래서 그쪽에 있는 여러분이 바로 여기로 와서 이름을 찾길 바랍니다. 그리고 여기 계신 분들은 저 사람한테 가서 명단에서 자신의 이름을 찾으세요. 협조 감사 드립니다.

무척 부끄러웠지만, 상황을 극복하기 위해 있는 최대한 용기를 쥐어짜 냈다. 신기하게도 사람들은 내 말을 알아듣고 일사불란하게 이동해서 자신의 이름을 족족 찾아냈고, 복권이라도 당첨된 양 무척 기뻐했다. 열쇠와 이름표를 찾은 원어민은 다른 아르바이트생의 안내에 따라 기숙사로 이동했다. 일이 착착 진행되면서 시끌벅적했던 홀은 서서히 정리되고 평화가 찾아왔다. 이렇게 첫날 밤이 지나갔다.

사고뭉치 원어민들

둘째 날, 기숙사의 하루는 아침 식사와 함께 시작되었다. 돌이켜보면 식당 밥은 지금까지 살면서 경험한 최고 수준이었다. 한식과 양식을 모두 맛볼 수 있었으며, 심지어 자율 배식이었다.

원어민들 대상 연수는 오전 9시부터였고, 내 일과는 그 전에 기숙사를 한 바퀴 돌아보는 것으로 시작되었다. 참고로 여자가 2층, 남자는 3층을 쓰도록 되어 있었다. 그런데 걸어서 3층으로 올라가는 길에 내 눈을 의심할 만한 장면을 목격했다. 샤워 타월만 걸친 여자 외국인들이 복도를 당당하게 거닐고 있는 것이 아닌가!

'헉! 쟤네들 왜 저러고 다니지?'

순간 너무 민망해 눈을 가렸다. 하지만 그녀들은 나를 보고도 크게 신경 쓰지 않은 채 자기 갈 길을 총총 가 버렸다. 나는 문화 충격을 받은 청학동 훈장님처럼 얼굴이 빨개져서 황급히 남자 층으로 향했다. 남자들은 복도에 앉아 티타임을 즐기고 있었다.

"Good morning, Jun! How are you doing?" 안녕, 준! 어때?

쿨하게 인사하는 그들에게 멋쩍은 미소로 화답했다. 순간 내 눈을 의심했다. 그 남자들 틈에 여자들이 끼어 있었다!

'이상하네! 2층하고 3층으로 분리되어 있는데 그새 합쳐졌나? 내가 보수적인 건지 저 사람들이 개방적인 건지 모르겠네. 며칠 안 가 일 나겠는데?'

나도 모르게 얼굴을 찡그렸다. 하지만 다들 아랑곳하지 않고 자연스럽게 커피를 마시며 대화를 이어 나갔다. 나는 서둘러 그 자리를 피해 내려왔다.

다음 날, 아침 식사 후 연수 시간이 되었다. 출석을 확인해 보니 2명이 오지 않았다. 남자 1명, 여자 1명. 아, 드디어 일이 생겼구나. 출동이다!

여자 방으로 가 노크를 했다.

똑똑똑.

"……."

답이 없어서 한 번 더 노크를 했다. 안에서 무슨 소리가 들렸다. 긴장되는 순간이었다.

"@*%$!"

무슨 말인지 못 알아들었지만, 일단 문을 열었다. 아니나 다를까, 결석한 두 명이 내 눈에 들어왔다. 정황상 둘이 이야기를 나누고 있었던 것 같은데 둘의 거리가 너무 가까워 내가 끼어들 수 없었다. 또다시 청학동 훈장님식 문화 충격이 왔다. 너무 어색해서 한동안 정신을 못 차리다가 겨우 한마디 했다.

"You guys are absent." 당신들 결석이에요.

알고 보니 둘은 부부였다. 방을 따로 쓰고 있다가 아침에 잠시 만난 것이고, 내가 그 사이를 비집고 들어간 것이었다. 하지만 원칙은 원칙. 연수 시간이니 얼른 내려오라고 엄포를 놓았고 사건은 일단락되었다.

문제는 거기서 **끝나지 않았다.** 하루하루 크고 작은 사건의 연속이었다. 연수는 매일 오후 6시면 끝났고 그 이후는 자유 시간이었다. 다만 10시까지는 기숙사로 돌아와야 하는 통금(Curfew) 시간이 있었고, 그 시간이 지나면 정문을 잠갔다. 하지만 단체 생활이다 보니 꼭 늦게 돌아오는 외국인들이 있었다. 하루는 문을 잠그자마자 두 명의 여성이 급하게 문을 두드렸다.

"You guys are late." 당신들 늦었네요.

"We've got a problem. More guys are up there. It Seems like they're lost." 문제가 있어요. 더 많은 사람들이 저 위에 있어요. 길을 잃은 것 같아요.

길을 잃었다고? 우리 대학교에는 산을 통과하는 지름길이 있었는데 그 길로 무리하게 간 모양이었다. 일단 손전등을 들고 길을 나섰다. 밤에 산길을 걷다 보니 조금 무서웠지만 두려움에 떨고 있을 사람들을 생각하니 걱정이 앞섰다.

"헉헉."

10여 분을 걸었을 때, 멀리서 사람들 소리가 들렸다. 그들이었다. 손전등을 비추니 환호하며 나를 반겼다. 다행인 건지, 하나같이 전혀 두려움에 떨고 있지 않았다. 이미 한잔 했는지 거나하게 취해서 자기들끼리 이야기보따리를 풀고 있었다. 안도감과 허탈함이 교차했다.

"휴!"

이걸로 끝인 줄 알았지만……. 'It ain't over till it's over(끝날 때까

지 끝난 것이 아니다)'라는 야구선수 요기 베라(Yogi Vera)의 말은 정말 명언이었다. 사건은 끝나지 않았다.

기숙사는 2인 1실이었는데, 하루는 한 남자 원어민이 밤새 복도에 나와 있었다. 왜 방에 안 들어가냐고 물었다.

"Cause my roomie is gay." 내 룸메이트가 게이라서.

자기는 게이와 방을 쓸 수 없다는 것이었다. 그러면서 친한 여자애들 방에 들어가 바닥에서 자겠다고 했다. 또다시 청학동 훈장님으로 1초 만에 빙의하여 남녀 혼숙은 안 된다고 말렸다. 그 소리를 듣고 복도에 마중 나온 그의 여자 친구들은 괜찮다며 오히려 환영 의사를 밝혀 나를 더욱 당황하게 했다. 내가 이상한 걸까.

일주일 후 원어민들은 더욱 친해졌고, 그 속에서 파벌 비슷한 게 생겨났다. 한 영국인은 절대 다수였던 미국인 사이에 도저히 끼지 못했으며, 한국 교포들은 자기들끼리 어울리는 현상이 눈에 띄었다. 밤이면 밤마다 자기들끼리 파티를 열었고, 밖에 나갔다 하면 엄청난 음주를 했는지 고주망태가 되어 돌아왔다. 취기가 가시기도 전에 삼삼오오 건물 지붕에 올라가서 기타를 연주하고 떼창하는 모습에 혀를 내둘렀다. 추락할까 봐 걱정된 나머지 지붕까지 올라가 그들을 말리고 말렸다. 그렇게 생명 여럿을 구했다.

그렇게 2주일이 다 되어 갈 무렵, 정말 대형 사고가 터졌다. 자정이 넘은 시각, 한 여자 원어민이 맥주를 마시고 다니다가(당연히 내부에서 음주는 안 된다) 넘어져서 유리잔 파편에 상처를 입은 것이다. 그녀는 얼굴에 피를 흘리며 울고 있었다.

당장 병원으로 옮겨야 하는데 차량이 없었다. 무엇보다 그녀를 진정시켜야 했다. 당황한 나와 스태프들은 서로 눈치만 살폈다.

다행히도 스태프 중 한 명이 차를 몰고 나타났다, 이제 다른 한 명이 여자를 달래서 병원으로 데려가기만 하면 상황 종료. 스태프들이 나를 쳐다보기 시작했다.

"형, 그래도 형이 영어 잘하니까 같이 가야 할 것 같은데요."

"맞아요. 형이 한번 잘 타일러 보세요."

이 위급한 상황에서도 칭찬을 받으니 힘이 났다. 결국 미드에 나오는 남자 주인공처럼 달콤한 목소리로 그녀를 다독거리며 병원까지 데리고 갔다. 가는 차 안에서 흉터는 절대 생기지 않을 거라고 수십 번 이야기해 주었다. 다행히 일이 잘 마무리되었고, 응급실의 간호사들이 나에게 한마디씩 했다.

"우아, 뭐 하는 분이세요? **영어를 엄청 잘하시네요?**"

"영어 공부는 어떻게 하면 돼요?"

이렇게 영어를 잘한다는 말을 들을 때마다 자신감이 하늘을 찌를 듯 올라갔다. 하지만 계속해서 영어 공부를 해야 한다는 압박감도 생겨났다. 휴……, 영어 공부는 평생 해야겠구나.

내 인생을 바꿔 놓은 교포들

한국 민속촌에서 친구들과의 소중한 시간. 널뛰기, 제기차기 등 다양한 놀이를 하면서 즐거운 시간을 보냈다. 교포들이 섞여 있으니 누가 한국인이고 미국인인지 알기 어렵다. 제일 왼편에 빨간 티셔츠가 나다.

나에게 영어를 잘 가르쳐 줬던 드니스(왼쪽)와 영혼의 단짝 케빈(오른쪽). 둘이 참 잘 어울렸는데…….

미국 사람들이라고 다 똑같은 것은 아니었다. 교포들은 한국과의 연결 고리가 있었기에 내게 더 살갑게 다가왔다. 한국에 대해 궁금해하는 점도 많았다. 자연스럽게 대화할 기회가 생겼고, 한국어를 잘 못하는 교포들에게는 한국어를 가르쳐 주기도 했다. 거꾸로, 그 친구들은 나에게 영어 표현을 가르쳐 주었다.

아침 식사를 하려고 줄을 서 있을 때 나누는 대화는 이런 식이었다.

"어, 오늘은 반찬에 콩나물이 나왔네. 어이, 케빈. 콩나물이 영어로 뭐야?"

"Bean sprout, Jun." 콩나물이야, 준.

"우아, 아주 그냥 걸어 다니는 영어 사전이네. '나 입이 심심해'는 영어로 뭐야?"

"Hmm, I got the munches." 입이 심심해.

교포들은 크게 두 부류로 나뉘었다. 한국말을 제법 잘하는 쪽과 그렇지 않은 쪽. 분명 겉보기에는 한국 사람 같지만 막상 말을 건네면 느낌이 확 달랐다. 가령 드니스는 우리말을 거의 하지 못했고, 케빈은 상당히 잘했다.

뒤늦게 친해진 교포 3인방에 대해서도 이야기하겠다.

바로 텍사스 출신 애나, 필라델피아 출신 제이슨, 샌디에이고 출신 유리였다. 셋 다 한국말을 잘하고 성격도 쾌활해서 수업이 없을 때면 내 옆에서 영어로 조잘거리며 시간을 보냈다. 돌이켜보면, 캐나다에 있을 때는 내가 먼저 다가가지 않으면 사람들이 다가오는 경우가 그리 많지 않았다. 거지가 돈이나 담배를 달라고 구걸하는 경우를 제외하고. 그런데 한국에서 원어민들이 먼저 친근하게 다가와 매일 말을 건네다니 꿈만 같았다.

왜 나는 그 멀리 캐나다까지 가서 영어를 배웠는가?

한국에서도 이런 좋은 기회가 있는데 말이다. 2주라는 짧은 기간의 막바지에 나와 교포 10여 명은 정말 많이 친해졌다. 연수 종료 4일 전부터는 매일 밤 같이 파티를 했고 하루하루 흘러가는 것을 아쉬워했다. 아, 좀 더 빨리 친해질걸. 너무너무 아쉽고 슬펐다.

2주라는 시간은 내게 정말 특별했다. 한국에서 언제 또 100여 명의 원어민이 매일 살갑게 말을 건네주겠는가? 솔직히 무척 피곤하기는 했지만, 최고의 친구들을 사귈 수 있는 시간이었다. 무엇보다 다양한 영어 표현을 배웠고, 원어민들이 묻는 다양한 질문에 쉴 새 없이 대답하다 보니 입에 익은 표현들이 어마어마하게 많았다.

"I didn't catch your name, sir." 저기, 그쪽 이름 못 들었거든요.

"You are not allowed to enter the computer lab with your drink."
음료수 가지고 컴퓨터실에 들어가면 안 됩니다.

"You can find the cafeteria on the first floor."
식당은 1층에서 발견할 수 있답니다.

"Go straight until you get to the circular road." 원형 도로까지 쭉 가세요.

매일매일 각각의 표현들을 50번도 넘게 반복하다 보니 자신감이 크게 늘었다. 특히 두고두고 만날 원어민 친구들을 많이 사귀었다는 것은 큰 자산이었다. 그렇게 2주가 지나고, 특히 친하게 지낸 10명의 친구들은 서로 너무 그리워하다가 내가 임용고사를 보기 한 달 전까지 매주 서울에서 파티를 했다고 한다.

그렇게 스물네 살의 무더운 여름, 강렬했던 2주가 내 인생을 강타했다. 내 마음속에 가장 큰 영어 유전자가 싹트는 순간이었다. 지금도 그 떨림을 잊을 수 없다. 영어와 내가 하나되는 순간이랄까? 머리에서 생각하는 것이 입으로 바로 나오는 그 기쁨!

영어의 숲을 만들다

영어 교사가 되다

　임용고사를 준비한 지 1년이 채 지나지 않았지만 일단 시험을 보았다. 그리 잘 본 것 같지 않았지만 주사위는 던져졌다. 1차 결과를 모른 채 2차 시험을 준비해야 했다. 2차 시험에는 원어민 인터뷰가 아주 큰 점수를 차지했기 때문에 학교의 각 스터디 모임에서는 영어 인터뷰 준비로 분주했다.

　다행히도 나에게는 10명의 교포 친구들이 있었다. 친구들을 호출하자 시간이 되는 3명이 캠퍼스까지 와 주었다. 고맙게도 서울에서, 경북 성주에서 버스를 타고 내려와 인터뷰 준비를 열심히 도와주었다.

"먼 길 오느라 힘들었을 텐데 와 줘서 고마워."

"뭘, 미국에서는 3~4시간이면 짧은 거리인데."

듣고 보니 맞는 말 같기도 했다. 그래도 고마운 건 고마운 거다. 맹렬히 인터뷰 연습을 했고, 그해 정말 기적적으로 임용고사를 합격했다. 그것도 **한 번 만에!** 특히 내 영어 인터뷰 점수는 합격자 평균보다 거의 10점가량 높았다. 경기도 전체를 통틀어 최고 점수였던 것으로 기억한다.

다 친구 녀석들 덕분이었다. 추운 겨울, 우리는 홍대에서 만나 내 합격을 축하하면서 불타는 밤을 보냈다. 물론 100% 영어로 대화하며 놀았다.

교사가 된 이후에도 나는 이 친구들과 자주 서울에서 만남을 가졌다. 5~7명의 친구들을 자취방에 초대해 주말 내내 영어로만 대화했다. 그렇게 1년, 2년이 지나면서 친구들은 하나둘 미국으로 떠나기 시작했다. 그리고 3년이 지나자 20대의 1/3을 같이 보냈던 교포 친구들이 거의 다 미국으로 돌아가 버렸고, 나 혼자 남아 끙끙 앓기 시작했다.

미국으로 간 친구들이 너무 그리워서 이메일을 보내고, 편지와 선물을 주고받으면서 그리움을 달랬다. 하지만 그리움은 다 채울 수 없었다. 오히려 한국 사람들 속에서 문화 충격을 받기 일쑤였다. 그도 그럴 것이 3년 동안 주말은 거의 교포 친구들과 보냈기 때문에 그들의 언어와 문화에 최적화된 상태였다. 그 당시 학교는 다소 보수적인 곳이었고, 술을 강요하는 회식 문화에서 나는 늘 의

기소침해 있었다. 동시에 내 영어 실력도 정체돼 있다 못해 퇴화하기 시작했다. 뭔가를 해야만 했다.

4년 만에 밴쿠버에 입성하다!

교사가 된 지 3년이 될 무렵, 미국에 정말 가고 싶었다. 마침 경기도 영어 교사 중 일부를 선발해 미국으로 가는 프로그램이 있었다. 망설이지 않고 바로 지원했다. 자기소개서와 기타 준비 서류에 나의 열정과 그동안 겪었던 일들을 고스란히 담아냈다. 결과를 기다렸다. 두근두근……. 합격이었다!

한 달간 미국의 완전 서쪽에 위치한 시애틀에 갈 기회가 생긴 것이었다. 나는 기대로 한껏 부풀어 올랐다. 2007년 겨울이 다가올 무렵, 미국행 비행기는 그렇게 활주로를 날아올랐다.

시애틀의 겨울은 비가 자주 와서 우울하다. 나는 우산을 쓰기보다 후드 티를 입고 나서곤 했다.

10월의 시애틀은 많이 춥지 않은 적당한 날씨였다. 하지만 회색빛 하늘을 채우는 가랑비는 나를 우울하게 했다.

'그래, 이 날씨를 이기기 위해서라도 한 달이라는 시간을 알차게 보내야겠어!'

이렇게 마음을 먹고 지도를 살피다 보니 시애틀이 캐나다의 밴쿠버와 상당히 가깝다는 사실을 알아차렸다.

오호, 한번 가 볼까?

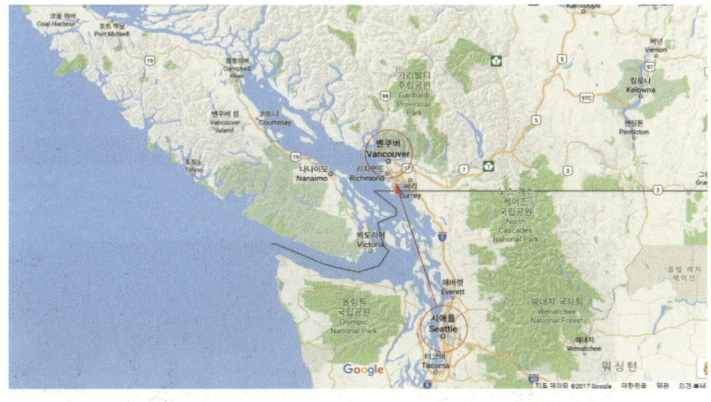

국경만 빨리 통과한다면 4시간 만에 밴쿠버에 갈 수 있다.

이런 말이 있다.

'살까 말까 하면 사지 마라. 할까 말까 하면 하라!'

가자! 떠나는 거야!

과거 어학연수 때 홈스테이했던 집의 아주머니에게 이메일을 보냈다. 이내 얼른 오라는 답장을 받았다. 아싸! 주중에 연수를 받으며 주말이 오기만을 기다렸다. 버스표를 예매했고, 같이 밴쿠버로 갈 선생님들을 모았다. 혼자보다 여럿이면 더 좋을 것 같았다.

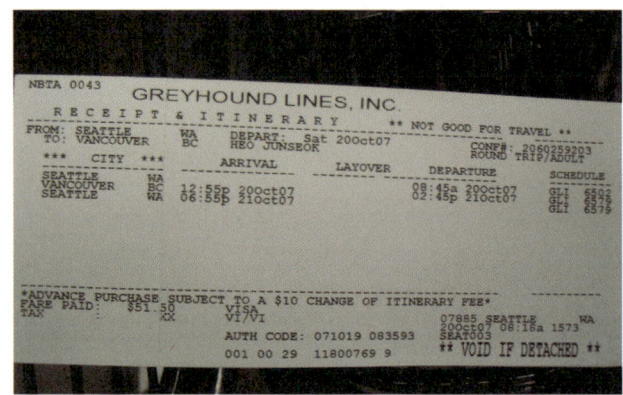

당시 구매한 그레이하운드 버스 티켓. 밴쿠버와 시애틀은 차로 4시간 정도 걸린다.

유일한 20대 남자였던 나. 그땐 귀여움을 독차지했다.

미국 국경을 넘는 과정은 살벌했다. 검문 직원들은 내 짐을 일일이 확인하고, 어디로 가는지 끊임없이 물었다.

'내가 범죄자 상인가?'

겨우 여권에 도장을 받고, 캐나다에 도착했다. 늦은 밤에 스카이트레인(한국의 경전철과 비슷하다)을 타고 가야 하는데 환전을 전혀 해 가지 않아서 동전이 없었다. 기념으로 가지고 있던 미화 10달러짜리 지폐를 들고, 지나가는 아주머니에게 사정을 설명했다. 그러자 내 전 재산을 10달러로 착각한 아주머니는 차비를 그냥 건네 주었다.

"Thank you, ma'am. But I just wanted to……." 감사합니다만, 저는 그냥…….

아주머니는 괜찮다는 듯 내 어깨를 툭툭 두드리면서 인자한 미소를 지었다. 밤도 늦었고, 스카이트레인을 탔다.

겨우겨우 도착한 홈스테이 집. 딱 4년 만이었다. 문 앞에 서서 노크하는 순간 나도 모르게 코끝이 찡해졌다. 반응이 없었다. 심호흡을 하고 다시 한 번 노크했다.

똑똑.

"Jun! You made it!" 준! 왔구나!

캐나다의 어머니, 키다리 미란다 아주머니와 아직 결혼하지 않은 로나가 나를 반갑게 맞아 주었다. 게다가 옆집에 살던 일본인 꼬마 카이토는 어느덧 초등학교 고학년생이 되어서 나를 반겨 주었다. 이런 기분은 태어나서 처음이었다. 타지에 또 다른 가족이 있다는 것. 그리고 나를 기억하고 반겨 준다는 것.

아주머니는 여전히 키가 크셨고, 개랑 싸우는(?) 로나의 성격도 그대로였다.

여전히 옆집에서 잘 살고 있는 카이토.

이쯤에서 로나의 비밀을 폭로한다. 그녀의 화장술은 어마어마하다.

메이크업 전

메이크업 후

우리는 예전의 추억을 하나하나 곱씹으며 많은 이야기를 나눴다. 로나와 아주머니는 나와 이야기를 나누더니 이구동성으로 말했다. 내 영어가 4년 전보다 훨씬 많이 늘었다고! 와, 성인이 되어서도 영어가 발전할 수 있구나. 더 놀라운 건 영어가 발전한 곳이 다름 아닌 한국이라는 것이다.

그렇게 짧은 1박 2일을 뒤로하고 다시 시애틀로 돌아왔다. 타지의 교포 친구들은 언제 또 볼 수 있을까? 국경을 넘을 때 먹먹함이 밀려왔다.

미국에서 행방불명되다

시애틀로 돌아오자마자 학교 현장 실습이 예정되어 있었다. 교생 실습 같은 프로그램이었는데 추첨을 통해 학교를 결정하였고, 나와 다른 여자 선생님 한 명은 무섭기로 소문난 클리블랜드 고등학교(Cleveland High School)로 배정받았다. 그 학교에 대해 익히 들어왔던 터라 우리는 덜덜 떨면서 실습을 나갔다. 그도 그럴 것이 그 학교는 90% 이상이 흑인과 히스패닉(스페인어를 쓰는 중남미계의 미국 이주민)으로 구성되어 있고, 거친 학생들이 많기로 소문나 있었다. 마침 인터넷으로 검색해 보니 다음과 같이 나온다.

https://k12.niche.com/
cleveland-high-school-
seattle-wa/

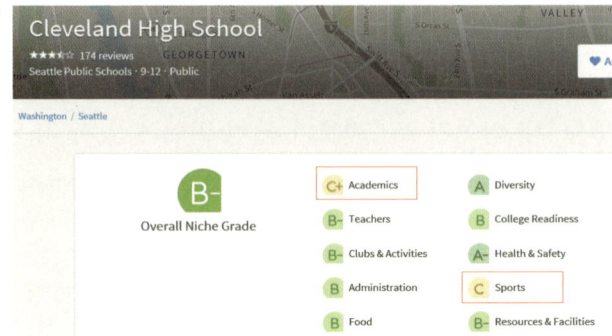

　학업(Academics)은 C+인데 운동(Sports)도 C등급. 공부와 운동을 다 잘하지 못하는 슬픈 학교. 심지어 정말 입맛에 안 맞았던 구내 식당 음식(Food)이 B등급임을 감안한다면 C등급이 어느 정도인지 피부에 확 와닿는다. 지금은 많이 개선되었기를 바란다. 학생들이 무시무시했던, 말도 많고 탈도 많았던 이 학교는 아니나 다를까 출근 첫날부터 나에게 시련을 안겨 주었다.

어느 운수 없는 날의 급식. 그나마 제일 맛있어 보였던 바나나를 먹고 난 뒤 모습. 한 끼에 3달러 정도였다. 이게 B등급이라니.

문제는 다음과 같았다. 2007년 내가 시애틀에 갔을 때 이 학교는 새로 부지를 선정하여 다른 곳으로 이전한 상태였고, 나는 그 사실을 전혀 모르고 있었다. 현지 프로그램 코디네이터가 나눠 준 지도를 보고 찾아가는 방법을 철저히 익힌 게 다였는데……. 그게 예전 학교 주소였던 것이다. 하지만 코디도 나도 전혀 모르고 있었고, 피해는 고스란히 내 몫이었다.

출근 첫날, 나는 대한민국 청년들의 성실함을 학교 관계자들에게 보여 주고 싶었다. 새벽 5시에 일어나 집 앞 편의점에서 대용량 코코아로 아침을 때웠다. 그리고 가벼운 보슬비를 맞으며 새벽 버스에 몸을 실었다. 나만큼이나 부지런한 한 명의 승객과 기사 아저씨 그리고 나, 세 명을 태운 버스가 출발했다.

주위를 살피며 지도를 참고해 버스에서 내렸다. 다음 버스로 갈아타고 또 한참을 갔다. 새로운 곳에 가면 지명이 익숙하지 않기 때문에 거의 다 왔다는 느낌이 들면 엄청난 집중력을 발휘해 안내 방송을 들어야 한다. 토익 볼 때도 그렇게 집중하지는 않았던 것 같다. 이윽고 내릴 타이밍이 왔다.

'지금이야. 내려야 해! 그런데 내가 너무 일찍 왔나? 학생들이 한 명도 안 보이네.'

이상한 느낌이 들었다. 그때 기사 아저씨가 내게 한마디를 던졌다.

"You sure you wanna go to 'the OLD' one?"

예전 것(클리블랜드)으로 가고 싶은 거 확실하죠?

순간 나는 몹시 당황했다. 아저씨 말을 제대로 알아들은 건지 긴가민가했지만 다시 물어볼 정신이 없었다. 버스 안은 만원이었고 다들 나를 쳐다보고 있어서 "Yes!"라 대답하고 내려 버렸다. 그러나 버스에서 내린 지 채 10초도 지나지 않아 뭔가 단단히 잘못됐음을 알았다. 학교는 있는데, 학생이 한 명도 없었다. 폐교 같은 느낌이랄까?

'이전한 건가? 그렇더라도 근방에 학교를 지었을 거야. 조금만 더 걸어 보자.'

미국은 넓은 나라다. 가볍게 20분을 걸었다. 사람이 사는 집은 안 보이고 도로와 길만 끝없이 이어졌다. 아름다운 숲도 나왔다. 이정표 하나 등장하지 않았다. 불안했다. 아침 8시까지 가기로 했는데 어느덧 8시가 다 되어 가고 있었다. 핸드폰이 없어서 공중전화를 찾았지만 그 역시 여의치 않았다. 그렇게 한 시간을 낯선 곳에서 걷고 또 걸었다.

한참을 걷다 보니 마을이 나왔다. 흑인들이 삼삼오오 모여 흡연을 하면서 나를 노려봤다. 미드에서나 보던 곳에 내가 와 있구나. 나는 어색하게 웃으면서 말을 꺼냈다.

"Excuse me. I'm looking for Cleveland High School. And you know, I'm an English teacher from South Korea."

실례합니다. 클리블랜드 고등학교를 찾고 있는데요, 아시다시피(알긴 뭘 알겠냐만!) 저는 한국에서 온 영어 교사입니다.

상황이 워낙 긴박한 만큼 내 신분을 확실히 밝히고 도움을 요청했다. 최대한 불쌍하게 보인 효과가 있었을까? 흑인 여성 두 명이 속닥거리더니 집에 들어갔다가 재킷을 입고 나타났다. 차에 올라타란다. 타도 될까 싶었지만 달리 방법이 없었다. 한국에서처럼 "콜택시 불러 주세요!"라고 할 수도 없는 노릇이었으니까.

차를 타러 으슥한 곳으로 향하는데 등줄기에 땀이 흘렀다. 자꾸 드라마 속 장면이 떠올랐다. 이러다 납치되면 어떡하지? 마약 거래상인가? 오만가지 생각이 불안의 씨앗이 되어 내 마음을 불안하게 만들었다. 콩닥콩닥. 그들의 대화를 최대한 집중해서 들었다.

'지금 듣는 것은 영어가 아니야. 한 문제라도 틀리면 죽는 듣기 평가야. 그러니까 집중해, 준석아.'

하지만 속삭이듯 흘리는 흑인 영어는 정말 알아듣기 어려웠다. 그렇게 차를 타고 가다 보니 얼마 후 고속도로를 탔고, 저 너머로 고등학교가 보였다. 이들은 드라마 속 악당이 아니었던 것이다. 순수한 마음으로 나를 도와준 호의에 너무 고마워서 나는 본능적으로 우리말로 "감사합니다"를 연발했다. 그리고 지갑에서 만 원짜리 지폐 한 장을 꺼내 주면서 말했다.

"Keep it as a charm. This will make you safe and happy."
부적처럼 지니세요. 당신들을 안전하고 행복하게 만들어 줄 겁니다.

그녀들의 눈이 갑자기 동그랗게 커졌다.

"You don't have to. But um……, how much is this?" 그럴 필요 없어요. 그런데……. 이거 얼마예요?

"10 dollars, ma'am." 10달러입니다.

그렇게 차에서 무사히 내려 학교로 갔다. 학교는 난리가 나 있었다. 그도 그럴 것이 교장, 교감 선생님께서 코디네이터와 수차례 통화를 했으나 내 행방은 오리무중이었으니까. 흥분한 나는 내 무용담을 들려주었다. 그러자 교감 선생님의 얼굴이 하얗게 질리더니 절대로 남의 차를 얻어 타서는 안 된다고 신신당부하셨다.

그 사건 이후 그날 학교에서의 하루는 의외로 순탄하게 잘 마무리되었다.

교감 선생님(왼쪽에서 두 번째), 교장 선생님(내 왼편) Wayne Floyd와 함께. 지금도 이름이 기억난다.

학생들과 함께

나를 가장 잘 따랐던 에리(가운데), 샤라(오른쪽)와 함께.

알로하! 하와이의 산과 사람에 빠지다

이후로도 나의 모험은 멈추지 않았다. 2012년, 한 번 더 해외연수에 도전했다. 이번에는 두 달짜리였다. 한 달 연수에 도전했던 경험을 바탕으로 더 열심히 준비했고 연수단원에 선정되었다. 아아……. 와이키키 해변에서 오후를 보내고, 야자수 아래에서 햇살을 만끽할 생각을 하니 심장이 벌렁거렸다. 무엇보다 영어로 말하고 들을 수 있다는 것은 나에게 큰 축복이었다.

　7~8월 한국의 여름을 하와이에서 보낸다는 즐거운 상상을 하며 그날만을 기다렸다. 그리고 드디어 하와이 땅에 첫 발을 내딛었다.

　"Aloha!" 알로하(내 가슴속 깊은 곳의 숨결)!

　사람들은 손으로 샤카(Shaka) 사인을 만들어 인사를 주고받았다. 그 사람들 속에서 나는 이미 하와이 사람이 되어 있었다. 숙소에 짐을 풀고 행동을 개시하기까지는 얼마 걸리지 않았다.

손으로 하는 인사, 샤카 사인. 입으로는 "알로하!"라고 하면 된다.

그동안 하도 다양한 일을 겪다 보니 어느덧 새로운 친구들을 사귀고, 현지 문화를 체험하는 데 있어 머뭇거리는 시간이 굉장히 짧아졌다. 영어로 말할 때면 얼굴에 철판을 제대로 깔았다. 그리하여 하와이 대학에서도 바로 대학생들과 친해질 수 있었다. 그리고 그 친구들과 두 달 동안 신나게 놀았다. 물론 대화는 영어로 했다.

하와이 하면 아름다운 바다를 많이 떠올리지만, 산도 무척 아름답다. 하와이 도착 이틀 만에 하와이 주립대의 평생체육센터에 들러 대학생들과 함께하는 등산 프로그램에 지원했다. 시차 적응은 이렇게 하는 거다.

'뭐, 나 군필자인데 산 타는 거 정도야!'

쉽게 생각하며 오른 올로마나 봉우리. 오른 지 10여 분 만에 내 얼굴은 잘 익은 홍시가 되었고, 턱밑까지 숨이 차올랐다.

여자들도 꽤 있었는데 그중 16세 스페인 소녀가 슬리퍼를 신고 등반하는 모습에 깜짝 놀랐다. 엄마가 딸을 참 강하게 키운다는 생각도 들었다. 그렇게 다양한 국적의 사람들과 함께 등반하고 서로의 연락처를 교환한 뒤 헤어졌다. 연락처를 왜 받았냐고? 당연히 또 만나기 위해서였다.

그중 다음에 꼭 보자는 말을 남긴 대학생 친구 사바나(Savannah)와 연락이 닿아 또 다른 모임을 계획했다.

귀여운 스페인 소녀와 함께 찰칵!

올로마나 피크의 정상에서

코코 헤드에 오르면서 친해진 사바나. 한인 타운에서 떡볶이를 사 줬다. 태어나서 처음 떡볶이를 먹은 사바나는 '쫄깃쫄깃한(chewy)' 식감을 그리 좋아하지 않았던 것 같다. 그보다도 매워서……. 미안해, 사바나!

"코코 헤드?"

"Yes, Koko Head. That'll be great for your legs." 그럼, 코코 봉우리. 네 다리에 아주 좋을 거야.

"Where and when?" 언제 어디로 가면 되는데?

신나서 약속을 잡고 그날이 오길 기다렸다. 내 방 룸메이트와 함께 약속된 시간, 장소에 정확히 도착했다. 하지만 금발의 예쁜 친구들과 금방이라도 나타날 것 같았던 사바나는 약속 시간 10분, 20분이 지나도 오지 않았다.

그 친구는 결국 나타나지 않았다. 하는 수 없이 먼저 정상으로 올라갔다. 정상에서 내려오다 보면 만나겠지? 하지만 늘 그렇듯 등산은 쉽지 않았다.

'헉헉……. 아이고, 나 죽겠다!'

숨이 턱밑까지 차올랐다. 다리도 터질 것 같았다. 게다가 그늘이 하나도 없어 너무 힘들었다. 가다가 쉬기를 수십 차례 반복했다. 정상에 오르자마자 털썩 쓰러졌다.

뒤에 보이는 산의 꼭대기가 코코 헤드다. 사바나를 기다리는 중이다.

점점 더 익어 가는 내 얼굴. 그 와중에 하와이의 아름다운 풍경이 눈에 들어온다. 뒤에 보이는 바다는 '하나우마 베이'라고 스노클링으로 무척 유명한 곳이다.

정상에서 탈진한 내 초라한 모습. 절대 나중에 책에 쓰려고 찍은 설정 샷이 아니다.

　　10분쯤 누워 있으니 상쾌한 점차 바람이 느껴졌다. 숨을 고르고 하와이의 대자연을 만끽했다. 흥건하던 땀이 식어 가자, 곧 살만 해졌다.
　　"이제 내려가 볼까?"

다시 내려가려는데 카랑카랑한 목소리가 들렸다. 그녀였다.

"Jun! I'm sorry." 준! 미안해.

불과 30분 전에만 날 만났어도 환자 같았겠지만, 다행히 컨디션을 회복한 직후였다. 신이 난 나는 힘들었을 그녀에게 손짓, 발짓을 하며 말을 보탰다.
"야, 사바나! 여기서는 바다가 정말 잘 보이지. 봐! 산과 마을이 정말 멋져."

나는 마치 하와이 거주민이라도 되는 듯, 샌디에이고 출신 여대생을 가이드해 주었다. 그것도 나름 유창한 영어로 설명하다니, 10년 전에는 상상도 할 수 없었던 일이다.

　그렇게 또 한 명의 친구가 생겼고, 하와이에 있는 동안 몇 차례 더 만나 많은 이야기를 나누었다.

미국 중학교 교사 체험을 해 보다

하와이에서 만난 나의 보물들, 워싱턴 중학생들의 샤카 포즈! 이곳에선 교복이 티셔츠다.

　미국 공립 고등학교 체험은 해 봤기 때문에 이곳에서의 중학교 체험은 큰 의미가 있었다. 내가 간 곳은 하와이의 워싱턴 중학교(Washington Middle School)였다.

　예전 클리블랜드 고등학교에서 워낙 단련이 된 터라, 이곳에서의 시간은 아주 편했다. 하지만 수업 준비에 대한 압박감이 꽤 컸다. 대학 진학을 원하는 학생들을 대상으로 동기 부여를 해 줄 수 있는 '특강'을 진행해야 했기 때문이다.

혼자 영어로 40분 정도 되는 강의를 이끌어야 했다. 초안을 짜고 틈틈이 원고를 숙지했다. 숙소에 돌아오면 앞에 학생들이 있다고 생각하고 농담이나 몸동작, 동선까지 연습했다.

피할 수 없으면 즐겨라! 특강 준비는 내 영어 실력을 엄청 단단하게 해 주었다.

특강, 거듭된 수업 참관, 회의는 당연히 모두 영어로 진행되었다. 학생들이 무척 진지하게 수업을 들어서 좋았고, 삐뚤삐뚤한 글씨로 열심히 필기하며 질문도 또박또박 잘해서 정말 귀여웠다.

"Sir. Can I go to the bathroom?" 선생님, 화장실 가도 될까요?

"Okay. Make it quick, though." 그래. 하지만 빨리 갔다 와라.

하와이에도 한국 학생들이 꽤 있었다. 외국에 나오면 애국자가 된다나? 그래서인지 이 녀석들에게 한국인의 긍지를 심어 주고 싶었다. 운 좋게 가지고 있던 국어 2급 정교사 자격증은 나를 세종대왕으로 빙의시켜 틈나는 대로 한글을 가르치게 했다.

"저스틴 홍."
"저스틴 항."
"아니야, 홍이라니까. 홍! 홍! 홍!"
"항항항."
"······저스틴. 한국말 잘한다면서?"
"응. 잘해!"
'반, 반말이잖아? 이거 어디서부터 가르쳐야 하나······.'

웃음이 빵빵 터지게 만들었던 한국 학생들. 특히 나를 유독 잘 따르던 저스틴 홍(Justin Hong)은 매일같이 한글을 배우러 찾아왔다. 그러던 어느 날, 그는 자기도 잘하는 것이 있다며 나에게 따라와 보라고 했다.

"선생님, 나 잘하는 거 있어. 따라올래?"
"요!"
"따라올래요?"
"알았어, 저스틴."

그렇게 나는 체스 반에 초대되었다. 즉석으로 시작된 체스 대

하와이 체스 챔피언과 한국 학생들. 세 명의 학생 중 맨 왼쪽이 저스틴, 그 오른쪽 남학생이 하와이 체스 챔피언이었다.

저스틴과 체스 한판. 자기 할아버지만큼 늦게 둔다고 잔소리도 많이 들었다.

전. 어느새 학생들이 잔뜩 몰렸고, 나의 형편없는 체스 실력은 그들을 하나로 뭉치기에 충분했다. 내가 금세 수세에 몰리자 아이들은 키득키득 웃어 댔다. 나는 그렇게 하와이의 학생들에게 큰 즐거움을 선사했다. 알고 보니 그 체스 반은 하와이 전체 학생들을 통틀어 '체스 챔피언'을 배출했을 정도로 체계적으로 체스를 가르치는 어마어마한 부서였다.

당연하게도 나는 완패했다. 그럼에도 이 녀석과 보내는 하루하루가 정말 즐거웠다. 그렇게 시간은 흘러 두 달이 훌쩍 지나가 버렸다.

이제 정든 하와이를 뒤로하고 돌아가야 했다. 뭐, 앞으로의 인생에 더 재미있는 일이 있겠지? 하지만 아직까지 하와이에서의 두 달에 비할 만한 일은 없는 상태다.

한국에서 영어에 목마른 사람들과 만나다

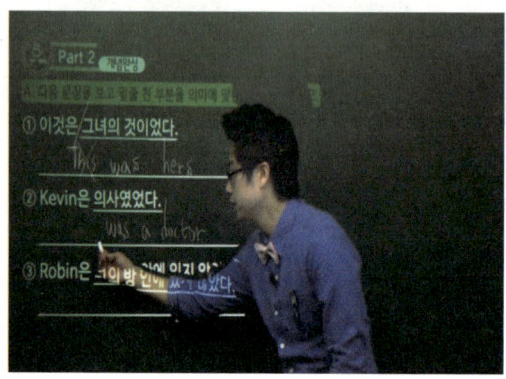

 이후 나는 2008년 1월부터 방영된 〈EBS 영문법 강의〉를 통해 꽤나 알려졌다. 한 강좌에서 50만 명 가까운 수강생을 가르치기도 했다. 영문법을 가르치면서 비트에 맞춰 랩을 따라 하는 강의 방식의 '매직 중학 영문법' 시리즈로 히트를 거듭했다. 결국 그 시리즈로만 100만 명 이상의 수강생을 배출했고, 중학 강좌에서만 200만명 가까운 누적 온라인 수강생 수를 기록하였다.
 비행기를 타면 승무원이 먼저 알아보기도 했고, 마트에 가면 계산대의 직원 분께서 알아보기도 했다. 길을 걷다 보면 내 목소리를 알아듣고 사진 촬영을 요구하는 가족들도 있었다. 팬 카페가 생기고 수천 명의 회원이 모였다. 믿기 어려운 일이지만 그만큼 영어에 목마른 사람들이 많다는 방증이기도 했다.

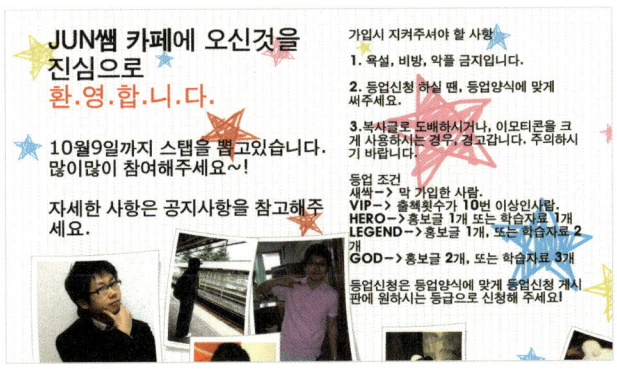

　내 본질은 영어를 좋아하는 사람이었기 때문에 안주하지 않고 뭔가를 더 제공해야겠다는 의무감이 생기기 시작했다. 그래서 카페를 개인적인 팬 카페가 아닌 함께 영어를 공부할 수 있는 공간으로 개편했다. 혼자 공부할 수 있다는 의미로 '혼공'이라는 타이틀을 걸었다. 적금을 깨서 강의를 찍어 올리고, 수백 명의 사람들과 메일, 쪽지로 소통했다.

육체적으로 무척 힘든 시간이었지만 어떤 부분을 좀 더 집중적으로 가르쳐야 할지에 대해 다시 생각해 보게 되었다. 그리고 어마어마하게 다양한 사람들이 영어 공부를 하고 있다는 사실을 새삼 깨달았다.

'사람들을 직접 만나 봐야겠어!'

그렇게 해서 혼공 오프라인 스터디가 시작되었다. 문제는 스터디 공간을 확보하는 것이었다. 다행히 지인의 도움으로 홍대 부근의 바를 통째로 빌려 진행할 수 있었다. 학교 수업이 없는 주말에 사람들을 만나서 영어 회화를 연습하고 질문을 받는 방식이었는데 10대부터 50대까지 연령대가 아주 다양했다. 덕분에 나는 법륜 스님처럼 영어 전반에 관한 질문에 즉문즉답을 하는 수련을 할 수 있었다. 자녀 영어 교육, 내신, 수능, 취업 공부, 해외여행 시 영어, 토익, 토플, 비즈니스 영어 등……. 내가 감당할 수 있는 부분은 최대한 성의껏 답변했고, 그렇지 못한 부분은 더 조사하고 연구하면서 부족함을 채워 나갔다.

사람들과의 만남은 즐겁고 유쾌했다. 게다가 2003년 대학교에서 통역 아르바이트를 할 때 만났던 교포 친구들 제이슨과 엘리자(사연은 길지만 둘은 한국에 정착했다)가 스터디를 도와줘서 한층 탄력이 붙었다.

또 EBS FM을 하면서 알게 된 동네 형 같은 내바다 선생님, 2008년 같이 〈EBS 중학〉을 시작한 동갑내기 스타 강사 샤이니 쌤도 도와주셔서 스터디는 점점 활기를 띠었다. 마치 작은 파티 같았다고나 할까? 힘든 날에도 그 '파티'를 하고 나면 오히려 힘을 얻는 기분이었다.

이렇게 '다양한' 경험을 하다 보니 **한국 사람들의 영어 고민에 대한 나의 답들을 체계적으로 정리할 때**가 되었다는 생각이 들었다.

TV 프로 〈스타킹〉 출연 경력을 자랑하는 유쾌한 내바다 형님.

같이 〈EBS 중학〉을 시작했던 샤이니. 시간을 내서 퀴즈 쇼를 진행하러 와주었다.

준쌤이 운영하는 무료 사이트

★ 네이버 '허준석의 혼공영어' http://cafe.naver.com/junteacherfan

네이버에 검색창에 '혼공영어'로 검색합니다.

카페 대문

공지사항 ➡ '무료 교재 다운로드 방법' 글을 먼저 읽어 봅니다.

영어 질문하기와 매일 영어 공부, 그리고 아래로 내려가면 다양한 영상 강의를 바로 볼 수 있습니다.

《내일신문》에서 교육 부문 '파워 카페'로도 선정된 혼공영어 카페. 준쌤의 강의, 출판 소식 및 직접 소통할 수 있는 통로이니 가입해 보세요.

★ 유튜브 '혼공 TV' (교재 무료 다운로드를 위해서는 컴퓨터로 접속하세요.)

- 네이버 검색창에 '혼공영어'로 검색합니다.
- 'TV 혼공'이라고 쓰인 사이트를 클릭합니다.

- 우측의 '구독'을 클릭합니다.

- '필승 커리큘럼'은 왕초보 문법부터 논리 독해를 다룹니다.
- 듣고 싶은 강의 제목을 클릭합니다.

- 가령 2단계를 클릭하면 다음과 같이 강의가 나옵니다.

1장 • 토익 500점에서 EBS 영어 강사까지

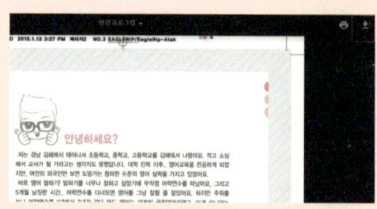

- 교재 부분의 링크를 클릭합니다. (모바일로는 찾기 어려우니 PC를 사용해 주세요.)
- 우측 상단 클릭 후 '다운로드'를 클릭합니다.
- 폴더의 파일을 꺼내 출력하면 끝!

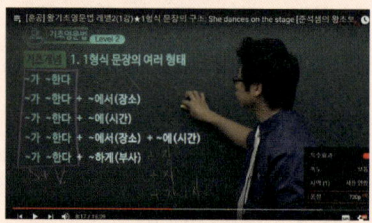
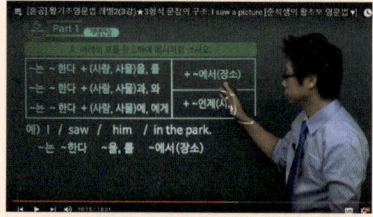

- 듣고 싶은 강의를 클릭합니다.
- 우측 하단의 톱니바퀴를 클릭합니다.
- 품질을 클릭해서 가장 높은 숫자를 클릭하면 선명하게 볼 수 있습니다.
- 교재를 다운로드할 때는 컴퓨터를 사용합니다.
- 평소에 와이파이가 된다면 스마트폰으로도 무제한 시청이 가능합니다.

- 영어회화 강의도 있습니다.
- 원어민과 재미있게 10분간 진행됩니다.
- 교재가 있으니 재생 목록에서 같은 방식으로 다운로드 후 수강 가능합니다.
- 영어 강의부터 자기계발에 도움 되는 다양한 영상이 올라옵니다.

'혼공영어'가 필요한 사람들

- 공무원 영어, 토익 영어 초보자
- 중학 영문법부터 공부하려는 초등학교 4~6학년 학생
- 자녀와 함께 영어를 공부하려는 부모님
- 뒤늦게 영어 공부를 하고 싶은 왕초보 만학도 분들
- 영어를 쉽게 가르치고 싶은 분들

> 1단계부터 9단계까지 무료 강의를 들어 보세요.

이 밖에도 다양한 분들이 160만 회 이상 혼공 강의를 시청하셨답니다. 무료 교재와 무료 강의의 만남, 놓치지 말고 바로 '구독' 버튼을 클릭해 주세요!

방송을 통해 10여 년이란 긴 시간 동안 만난 누적 수강생 수가 300만 명 정도다.
그간 반복되어 온 질문들을 거르고 거르자 공통분모가 나왔다.
또 주말이면 학교를 벗어나 새로운 현장에서 많은 사람들을 만났다.
친한 교사들부터 사교육 강사, 영어 방송인, 토종 영어 고수, 원어민 강사들까지
영어를 가르치는 다양한 사람들을 만나면서 여러 학습법에 대해 이야기를 나눴다.
영어를 즐겨야 한다는 것에는 다들 공감하지만
제대로 즐기는 사람은 드문 슬픈 현실.
영어만 생각하면 머리가 아픈 왕초보 학습자들의 마음을
이해하면서 쉽게 설명해 봐야겠다.

영어가 안되면 **혼공!**

혼공 영어 학습 Map

1단계 (필수)		1. 단어 공부		
2단계 (필수)	2. 영문법		3. 문장(구문) 공부	
3단계 (필수)	읽기	말하기	발음	듣기	쓰기

1·2단계는 영어를 효율적으로 공부하기 위한 수단이다.

이것을 '기초'라 부른다.

대부분의 한국 사람들이 기초가 잘되지

않은 상태에서 바로 3단계로 뛰어든다.

그러니 영어 공부가 어려운 것은 어쩌면 당연하다.

영단어 학습법

초보: 단어장 활용법

영어 공부를 시작할 때 가장 많이 사는 것이 '단어장'이다. 그리고 가장 끝까지 다 보지 못하는 것도 단어장이다. 끝까지 한 번을 겨우 보더라도 다시 책장을 넘겼을 때 '모르는 단어'가 눈에 띄어 우리를 좌절하게 만든다. 모르는 단어 하나하나가 그동안 해 온 단어 공부가 다 부질없었다고 말하는 것 같기도 하다. 초보라면 다음 표를 보고, 가장 분량이 적은 단어장을 구해서 공부해 볼 것을 권한다.

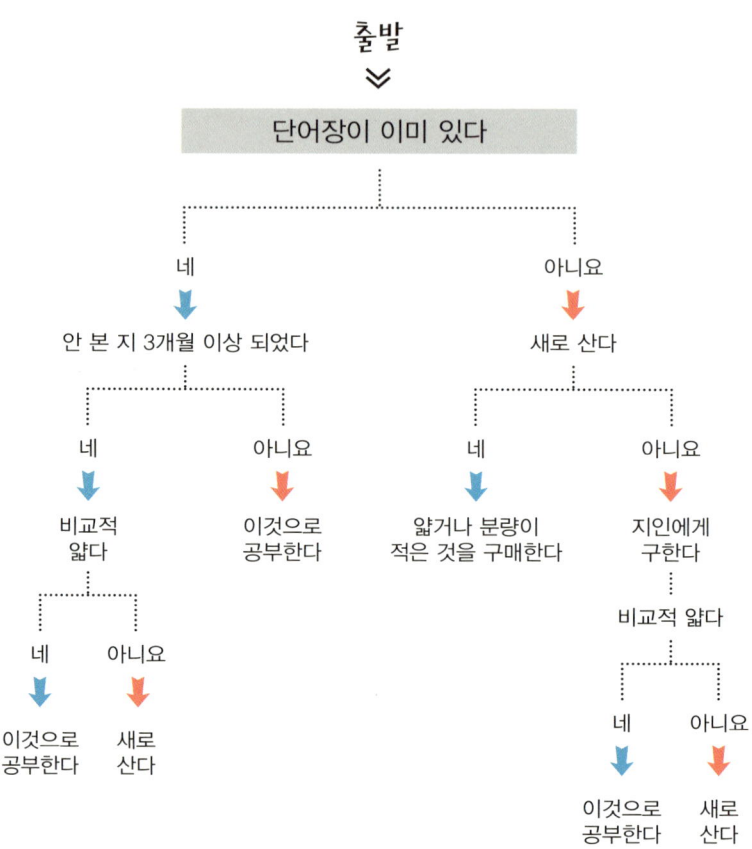

　이제 단어장이 생겼다고 가정하고 어떻게 공부할지 확인해 보자. 요즘 단어장들은 대부분 날짜가 구분되어 있다. 단어장에 매일 몇 개의 단어를 학습하도록 되어 있는지부터 파악하자.

☐ 0001	**celebrate** [sélǝbrèit]	동 기념하다, 축하하다 celebrate my children 내 아이들을 축하하다 ✚ celebration [sèlǝbréiʃən] 명 기념행사 ✚ celebrated [sélǝbrèitid] 형 유명한
☐ 0002	**complain** [kǝmpléin]	동 불평하다, 항의하다 complain of/about the treatment 대우에 대해 항의하다 ✚ complaint [kǝmpléint] 명 ❶ 불평 ❷ 고소(장)
☐ 0003	**correct** [kǝrékt]	형 올바른 correct answer 올바른 답 동 바로잡다, 정정하다 Correct me if I'm wrong. 만약 내가 틀리면 바로 잡아줘. ✚ correction [kǝrékʃən] 명 정정, 수정
☐ 0004	**effect** [ifékt]	명 영향, 효과 have an effect on ~에 영향을 미치다 ✚ effective [iféktiv] 형 효과적인 ✚ effectively [iféktivli] 부 효과적으로
☐ 0005	**exchange** [ikstʃéindʒ]	동 ❶ 교환하다 exchange addresses 주소를 교환하다 ❷ 환전하다 exchange your currency for dollars 당신의 화폐를 달러로 환전하다 명 ❶ 교환 an exchange of prisoners of war 전쟁 포로 교환 ❷ 환전 exchange rate 환율
☐ 0006	**float** [flout]	동 뜨다, 떠다니다 float in the water 물 위에 뜨다
☐ 0007	**garbage** [gɑ́ːrbidʒ]	명 쓰레기, 쓰레기통 garbage collection 쓰레기 수거
☐ 0008	**greet** [griːt]	동 환영하다, 인사하다 greet him with a smile 미소와 함께 그에게 인사하다 ✚ greeting [gríːtiŋ] 명 (말이나 행동으로 하는) 인사

위 단어장의 경우 1일차에 100개의 단어가 수록되어 있다. 그래서 20일차에는 총 2,000개의 단어를 볼 수 있도록 구성되어 있다. 하지만 학습 능력에는 개인차가 존재하기 때문에 이 단어장을 예시로 '혼공 단어 학습법'을 적용해 보자. 단어장의 단어를 잘 외우기 위해서는 다음의 5가지 원칙을 잘 알아야 한다.

1. '스펠링'보다는 '즉시성'

읽기를 위한 단어 학습은 아래 조건이 중요하다.

1. 단어를 눈으로 보고, 발음할 수 있어야 한다.
2. 발음한 다음, 3초 안에 우리말 뜻이 떠올라야 한다.

다음 단어를 알고 있는지 확인해 보겠다. 단어를 읽고, 우리말 뜻을 3초 안에 말해 보자. (정답은 박스 아래에 있습니다. 정답을 가리고 테스트해 보세요.)

1. school
2. fish
3. elect
4. anticipate
5. divide
6. horrify

정답: 1. 학교 2. 물고기 3. 선출하다 4. 예상하다 5. 나누다 6. 소름끼치게 만들다

다 맞았는가? 하지만 단어마다 발음이 떠오르는 시간이 조금씩 다르고, 우리말 뜻이 떠오르는 데 3초 이상 걸린 단어도 있을 것이

다. "음……, 어, 나누다!" 이런 식으로 말이다. 하지만 혼공 단어 학습의 기준에 따르면 단어의 뜻은 즉각적으로 떠올라야 한다. 그래야 적어도 읽기를 할 때 의미 이해에 지장을 주지 않는다. 반면 글을 한참 읽어 나가다가 3초 이상 막히는 단어가 여러 개 있으면 읽기 자체가 무척 불편해진다. 앞에서 읽은 내용을 까먹어서 다시 읽어야 하고, 늘 추론을 해야 하니 갑갑하다. 당연히 영어 시험에서 이런 상황이 반복된다면 결과가 좋을 리 없다. 그래서 단어를 학습할 때는 3초 이내에 뜻을 떠올리는 **즉시성**을 명심해야 한다.

예를 들어, 위의 'school'이란 단어를 보자마자 피식 웃음이 나왔을 것이다. 그리고 눈으로 단어를 보자마자 '스쿨!'이라고 소리 내고 3초도 되지 않아 '학교'라고 우리말 뜻이 자동으로 나왔을 것이다. 소리와 의미가 일치하는 단어이기 때문에 단어를 보자마자 '자신감'이 넘치고 웃음이 나오는 것이다.

하지만 'anticipate'의 경우 'school'을 봤을 때와는 사뭇 달랐을 것이다. 발음과 우리말 뜻을 떠올리는 데 시간이 꽤 걸렸고, 그러다 보니 입으로 '어, 음…….' 하며 자기도 모르게 머뭇거렸을 것이다. 머릿속에서 잘못된 의미를 꺼냈을 수도 있다.

앞으로의 단어 암기는 'anticipate' 같은 단어가 'school'처럼 자동으로 뜻과 발음이 떠오르도록 만들어야 한다. 연습장에 빽빽하게 스펠링을 써 가면서 땀을 뻘뻘 흘리는 게 단어 공부가 아니다.

2. '하루에 공부할 수 있는 최소 단어 개수'를 정하라.

최대가 아니라 최소량이다. 기존에 반복적으로 실패했던 암기량은 과감히 버리고, '무시할 만한 수준의 양'을 정해라. 과감하게 적은 양으로 시작해야 한다. 그래야 매일매일 성공 경험을 쌓을 수 있다. 성공하면서 서서히 늘려 나가도 관계없다.

학습에서 이러한 성공 경험은 매우 중요하다. 나 역시 적어도 일주일은 연속으로 할 수 있을 정도의 적은 분량으로 시작했을 때 가장 오랫동안 학습을 이어 갈 수 있었다. 명심하자. 한국 사람들은 성격이 급한 편이라 아래의 말을 꼭 새겨야 한다.

'시작이 전부다! 시작점은 아주 낮아야 한다!'

내가 중고등학교 때 잠시 다녔던 학원의 선생님께서 아래와 같이 말한 적이 있다.

'하루에 100개씩 외워. 50개 까먹어도 나머지 50개는 외운 게 되니까 완전 이득이야. 준석아, 일단 많이 외워야 해.'

잘못된 말은 아니다. 그렇게 해서 효과를 본 사람도 있지만, 문제는 영어 공부가 시작부터 너무 싫어진다는 것이다. 싫은 것을 끈기 있게 공부할 수 있는 사람은 사실 영어 공부 말고 무엇을 해도 성공할 수 있다. 그러나 그런 사람은 그리 많지 않다.

이번 기회에 양으로 승부를 보는 '양치기 비법'은 과감히 버려라. 당장 내일 있을 단어 시험 같은 단기전에는 강할 수 있지만, 장

기적으로는 마이너스가 되는 게 단순 양치기 암기법이다. 단어 시험을 앞두고 벼락치기로 영단어를 깜지에 써 가면서 공부한 적이 있었는가? 그 순간에는 확실히 효과가 있는 듯했지만 시험 후 다 까먹은 경험을 해 본 적 있을 것이다. 단순 양치기 학습은 '단기 기억'에는 도움이 되지만 '장기 기억'에는 크게 도움이 되지 않는다. 그렇기 때문에 단어 학습은 적정 분량을 정해서 계획적으로 차근차근 접근해야 한다. 그렇다면 과연 적정 분량으로 하루에 몇 단어를 외워야 할까?

30개를 하루 적정량으로 삼는 사람도 있고, 20개로 잡는 사람도 있을 것이다. 정말 자신을 못 믿겠다면 하루 10개 정도로 정해 버리자. 그간의 경험에 의하면 하루 10개 정도면 웬만한 사람들은 다 성공했다. 보통 20~50개까지도 무난하게 외울 수 있다. 아직도 몇 개를 정해야 할지 망설이는 학습자를 위해 학습 강도를 정해 드리겠다. 아래 예시 중 자신에게 맞는 하루 학습 분량을 선택해 보자. 물론 자신에게 맞게 단어 수를 바꿀 수도 있다.

내가 앞에서 임의로 선택한 단어장의 경우 총 2,000개의 단어가 있다. 올해 이 단어장을 3번 정도 보고 싶다고 가정하자. 최초 1독

학습 강도	하루에 공부할 단어 수	일주일 학습량 (주 5일 기준)	나의 선택 (V 표시)
약	10	50	
중	25	125	
강	50	250	
강강	100	500	

이 무척 중요하다. 개인차가 있기 때문에 자신의 스타일에 맞춰 결정하자. 물론 아래 예시처럼 본인에 맞게 강도를 조금씩 변형할 수 있다.

단어장 1독 계획 A (대기만성형)

주차	학습 강도	주차	학습 강도
1	약(50개)	11	강(250개)
2	약(50개)	12	강(250개)
3	중(125개)	13	강(250개)
4	중(125개)	14	강(나머지 150개)
5	중(125개)	15	
6	중(125개)	16	
7	중(125개)	17	
8	중(125개)	18	
9	중(125개)	19	
10	중(125개)	20	

특징: 약 ➜ 중 ➜ 강으로 단계가 점점 상승   소요 시간: 14주(3달 2주)

단어장 1독 계획 B (초지일관형)

주차	학습 강도	주차	학습 강도
1	중(125개)	11	중(125개)
2	중(125개)	12	중(125개)
3	중(125개)	13	중(125개)
4	중(125개)	14	중(125개)
5	중(125개)	15	중(125개)
6	중(125개)	16	중(125개)
7	중(125개)	17	
8	중(125개)	18	
9	중(125개)	19	
10	중(125개)	20	

특징: 하나의 강도로 끝까지 학습   소요 시간: 16주(4달)

단어장 1독 계획 C (혼합형)

주차	학습 강도	주차	학습 강도
1	중(125개)	11	강(250개)
2	중(125개)	12	강(250개)
3	중(125개)	13	
4	중(125개)	14	
5	강(250개)	15	
6	강(250개)	16	
7	중(125개)	17	
8	중(125개)	18	
9	중(125개)	19	
10	중(125개)	20	

특징: 월별 일정을 보며 여유로운 시기에는 학습량을 늘리는 등 섞어서 계획함
소요시간: 12주(3달)

단어장 1독 계획 D (빨리빨리형)

주차	학습 강도	주차	학습 강도
1	중(125개)	5	중(125개)
2	강(250개)	6	강(250개)
3	강(250개)	7	강강(500개)
4	강강(500개)	8	

특징: 시간이 없는 학습자들이 선택할 수 있는 방법. 최소한의 워밍업을 한 뒤 학습 중간에 쉴 틈을 한 번 정도 주고 나머지 기간은 최대한 달리는 스타일
소요시간: 7주(1달 3주)

여기서 주목할 한 가지 사실이 있다. 일주일에 5일만 학습하는 것으로 학습 계획을 잡았다는 것이다. 주 5일제를 실천하기 위함인가? 아니다. **실패 경험을 쌓지 않기 위해서다.**

공부를 시작할 때는 열정에 활활 타올라서 일주일 내내 단어 공

부를 할 수 있을 것 같지만 3일만 지나도 나약한 본성이 드러난다. 그래서 단어 공부도 주 5일제로 할 것을 권장한다. 작은 성공을 거듭해서 끈기 있게 가는 이가 성공한다. 그리고 끈기가 생기도록 계획을 잘 짜는 것이 혼공 비법의 기본이다.

주의할 점은 **주말에 단어 공부를 완전히 쉬는 것이 아니라는 점**이다. 토요일이나 일요일 이틀 중 하루는 평일에 공부했던 단어들을 빠르게 복습하자. 그리고 나머지 하루는 휴식을 취하면 된다. 물론 당장 내신이나 수행평가가 코앞에 닥쳤거나, 공무원 영어 시험, 토익 시험 등이 급하다면 그 하루까지도 활용해야 한다. 하지만 보통의 경우 휴식이 필요하다. 적어도 일주일에 하루 정도 쉬어야 머릿속의 영단어가 정리되기 때문이다.

비유를 하자면 몸짱이 되고 싶다고 365일 내내 헬스장에 가서 운동만 하면 될까? 365일 다 운동하기도 힘들겠지만, 잔부상을 입을 수 있고 얼굴에 주름살도 확 늘어날 것이다. 과거 인기 예능 프로그램에서 급격한 다이어트로 멋진 몸은 만들었지만 얼굴에 급격한 노화가 왔던 개그맨 정준하 씨처럼 말이다(죄송합니다).

게다가 다이어트 이후 관리를 잘하지 않으면 요요 현상이 오는 것처럼 잘못 계획한 단어 학습법에도 '요요'가 올 수 있다. 무엇을 하든지 제대로 정리하는 시간이 필요하다.

단어 공부를 계획할 때 주의사항

1. 학습 강도를 모두 '약'으로 계획해서는 학업의 의미가 없다. 숨 쉬기 운동만으로 몸에 근육이 생기지 않는 것과 같다.
2. 자신의 학업 스타일과 필요한 시간을 잘 파악해서 계획을 세워야 한다. SNS에 아무리 좋은 학습법이 쏟아져 나와도 나한테 맞지 않으면 의미가 없다.
3. 공인 영어 시험의 경우 빨리빨리형을 권장하고, 중고등학교 저학년이나 영어 초급자의 경우 대기만성형이 효과적이다. 직장인의 경우 대기만성이나 혼합형이 일정 관리에 비교적 수월하다. 이도저도 크게 해당사항이 없다면 초지일관형으로 선택해 보자.
4. 계획은 중간중간 조금씩 수정해도 괜찮다. 다만 단어 학습 자체를 중단해서는 절대 안 된다. 분량을 줄이더라도 끝까지 이어 나가야 한다.

혼공 실천

단어장 학습 계획(1단계)

▶ 아래 표를 채워 단어 학습 계획표를 완성해 보자.

1. 단어장 1독 계획 _____ 버전 (대기만성, 초지일관, 혼합, 빨리빨리 중 택 1)

2. 단어장 이름: _____ (책 이름을 쓰세요)

3. 단어 총 개수: _____ 개

4. 학습 기간: _____ 달 _____ 주 _____ 일

5. 학습 계획

주차	학습 강도	주차	학습 강도
1		11	
2		12	
3		13	
4		14	
5		15	
6		16	
7		17	
8		18	
9		19	
10		20	

3. 짧게 자주: 하루에 5분X6회, 총 30분 실천하라.

전체적인 시간 계획을 세웠으니, 이제 하루 목표치 단어를 외우는 방법을 알아보자. 가장 먼저 생각해야 할 것은 공부 시간이다. 하루에 적어도 30분은 공부해야 한다. 너무 적다고? 좀 더 늘리는 것은 자유다. 단, 30분은 반드시 지켜야 할 최소 시간이라는 점을 명심해야 한다. 또 주의할 점이 있다. **30분 연속으로 단어만 공부하는 것은 처음에 반드시 피해야 할 방법**이다. 왜 그럴까?

학창 시절을 떠올려 보자. 보통 한 반에는 친구들이 30~40명(나잇대에 따라 다르겠지만) 있었고, 억지로 노력하지 않아도 일정 시간이 지나면 얼굴과 이름을 다 익힐 수 있었다. 일부러 외우려 하지 않았지만 외워졌다. 이것이 단어 학습과 비슷한 원리다.

대화를 해 본 친구, 멀리서 바라보기만 한 친구, 말 한마디 간신히 나눠 본 친구 등 다양한 친구들이 있었지만, 매일 짧게나마 그들의 얼굴을 보았고 이름도 꾸준히 들었다. 이렇게 **짧게 자주 접하다 보면 자연스럽게 '숙지'**하게 된다. 머릿속의 단기 저장고에 저장된 친구들의 이름이 매일매일 들리다 보니 장기 기억으로 넘어간 것이다. 좀 더 자세히 설명해 보겠다.

오늘 한 친구의 이름을 처음 들었다면 내일 그 이름을 까먹을 수 있다.

"미안해, 준석아. 내가 기억력이 안 좋아서."

이렇게 말하고 재차 이름을 확인했다. 그렇게 일주일이 지난 다음 다른 친구들 이름을 익히다 보면 '준석'이라는 이름과 다른 친구의 이름이 헷갈리기 시작한다. 그러다가 한두 달이 지나면 크게 노력하지 않아도 누가 누구인지 정확히 알게 된다. 이는 외우려고 노력했던 덕분도 있지만 그보다는 정보에 자주 노출되고, 그 정보가 자주 잊혀졌기 때문이다. 즉 까먹는 과정, **망각 때문에 외울 수 있었던 것**이다.

이처럼 단어도 원래 잘 까먹을 수밖에 없다는 사실을 인정해야 한다. 그리고 **다섯 번 이상은 망각**해야 머릿속에 자연스럽게 새길 수 있다. 그래서 30분 연속 단어를 보는 것보다 5분씩 5~6번 잊고 기억하고를 반복하는 것이 훨씬 효과적이다. 명심하자. **망각을 효율적으로 활용**하면 훨씬 잘 외울 수 있다. 외우려 하지 말고 잊어버리려 노력하라.

기억	망각#1

30분 연속 학습(오직 기억하려는 노력만 한 이후에는 긴 망각이 딱 한 번 온다.)

5분씩 6번 학습(망각이 5번 있었기 때문에 같은 시간 공부해도 자극이 더 많다.)

만약 5분씩 6번이 어렵다면 10분씩 3번이라도 실천해 보자. 학생의 경우 아침 조례나 종례 시간, 쉬는 시간을 잘 활용하면 3개월 후 엄청난 변화를 경험할 수 있다. 내 경우 고등학교 시절, 매 교시 쉬는 시간 중 3~5분을 하루 8~9번 활용하여 같은 단어 30개를 기억하고 잊는 과정을 수없이 반복했다. 그러자 고등학교 2학년 때 고교 수준 영단어는 웬만큼 다 숙지했었다.

대학생이나 직장인의 경우에도 하루에 5분씩 6번 시간을 내는 것이 가능하다. 여의치 않다면 10분씩 3회라도 꼭 실천해야 한다. 단어장 전체 1독을 하고 나서도 다시 2독, 3독을 할 것이므로 단어를 까먹는 데 부담을 느끼지 않아도 된다. 짧게 자주 보면서 얼른 잊어버리자. **망각을 규칙적으로 활용**하면 학습에 큰 도움이 된다.

최근에 나쁜 일이 있었다고 가정해 보자. 사람의 마음은 참 간사해서 까먹고 싶다고 생각하면 할수록 더 생각이 난다. 마음을 비우고 외울 단어들도 잊고 싶은 대상이라 생각해 보자. 모든 것은 마음먹기에 달린 것 아닐까?

4. 스치듯 5~10분 동안 단어를 훑어라.

이제 5~10분이라는 짧은 시간 동안 어떻게 단어를 효율적으로 공부하는지 알아보자. 하루 50개 단어를 공부한다고 가정해 보자.

1단계: 단어 훑기

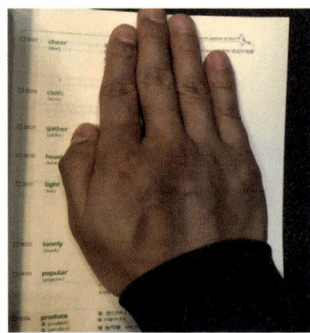

1. 손이나 다른 작은 수첩 등으로 오른편의 뜻을 가린다.
2. 발음을 해 본다. 혹시 발음을 잘 모르겠다면 인터넷 사전 등을 활용해 반드시 단어 아래에 한글로 발음을 적어야 한다. 소리와 의미는 꼭 같이 가야 한다.
3. 발음을 한 다음 우리말 뜻을 3초 내로 말해 봐라. 뜻을 맞혔다면 바로 다음 단어로 넘어간다. 만약 틀렸거나, 생각이 날 듯하다 3초가 지났다면 유감없이 손을 들어 단어 뜻을 확인해라. 그다음 단어 위에 ☆표시를 하고, 다음 단어로 넘어가서 똑같이 한다.

4. 이렇게 목표한 단어들을 5분 동안 한 번 다 훑고, 모르는 단어에 ☆표시를 한 다음 단어장을 덮는다.

*보통 한 단어를 훑는 데 5~10초 정도 걸린다. 5분은 300초이니 넉넉잡아 30개 이상의 단어를 훑어볼 수 있다. 발음을 반드시 알아야 하고, 잘 몰랐던 단어에 ☆표시를 하는 게 목표다.
숙달되면 한 단어당 4~5초면 볼 수 있고, 5분이면 50~60개 단어도 거뜬히 훑어볼 수 있다.

2단계: 다시 훑기

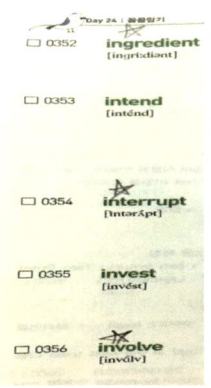

1. 최소 50분이 지난 후 아까 봤던 단어들을 다시 본다. ☆표시가 1개 있는 단어들만 같은 방식으로 본다. 또 모르겠으면 ☆ 1개를 더 추가한다.

2. 다시 50분 이상이 지난 뒤 ☆표시가 2개 이상인 단어들만 본다. 이런 식으로 오늘 공부할 분량의 단어를 6회 이상 훑어본다.

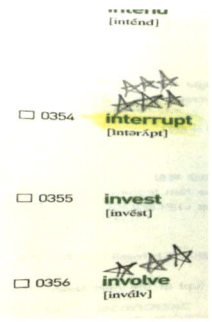

3. 하루를 마무리하기 전 다시 단어장을 넘겨 오늘 공부한 내용을 살피자. ☆표시가 많은 단어들에 형광펜으로 표시한다.

3단계: 주 단위 학습

어제 공부했던 단어 50개 중 ☆표시가 유독 많거나 형광펜으로 표시된 것만 다시 훑어본다. 그리고 오늘 목표로 잡은 새로운 단어 50개를 어제와 같은 방식으로 공부한다. 이렇게 누적시키며 첫 주 단어 공부를 한다. 아래 표를 보면 이해가 될 것이다.

월(1일차)	화(2일차)	수(3일차)	목(4일차)	금(5일차)	토(6일차)	일(7일차)
1일차 50개	1일차 형광펜 단어 + 2일차 50개	1, 2일차 형광펜 단어 + 3일차 50개	1~3일차 형광펜 단어 + 4일차 50개	1~4일차 형광펜 단어 + 5일차 50개	1~5일차 250개 단어 중 형광펜 단어만 훑어보기	휴식

4단계: 월 단위 학습

한 주가 끝나고 새로운 주가 되면 지난주 단어를 제외한 다음

250개 단어를 한 주 동안 학습한다. 이렇게 한 달 동안 1,000개 단어를 훑어볼 수 있다.

1,000개 단어를 공부했다면, 2주 동안 1,000개 단어를 다시 한 번 훑어봐라. 그러고 나서 다음 단어를 공부하라. 이렇게 단어는 체계적으로 반복해야 한다.

주차	월	화	수	목	금	토	일
1		1주차 50개 X 5일: 250개				1주 차 250개 총복습	휴식
2		2주차 50개 X 5일: 250개				2주 차 250개 총복습	휴식
3		3주차 50개 X 5일: 250개				3주 차 250개 총복습	휴식
4		4주차 50개 X 5일: 250개				4주 차 250개 총복습	휴식
5		1~4주차 1,000개 복습					휴식
6		1~4주차 1,000개 복습					휴식
7		5주차 50개 X 5일: 250개					휴식
……		……					……

5. 단어장을 다 본 다음에는 '단어 이삭 줍기'를 하라.

계획에 따라 차이가 있겠지만, 지금과 같은 방식이면 3달에 한 권의 단어장을 1독할 수 있다. 개인차는 있지만 보통 1독하면 단어장 내 단어의 65~75%를 3초 내에 대답할 수 있다. 2~3독을 거듭하면 80~90%를 3초 내에 대답할 수 있다.

'엥? 그래도 10~20%는 다 못 외웠네?'

당연한 의문이다. 학습에는 개인차가 있으니 흥분하지 말자. 학습력이 뛰어나거나 언어 감각이 좋은 사람들은 거의 100% 암기도 가능하다. 하지만 나 역시 80~90% 정도밖에 암기하지 못했다.

한때 나는 스스로를 천재라고 생각했지만 내 아이큐는 108이다. 대한민국 평균 수준이라 믿고 싶다. 그래서 나 같은 평범한 사람들을 위해 마지막 10~20% 단어까지 잡는 '**단어 이삭 줍기**'를 꼭 권하고 싶다.

단어 이삭 줍기 방법

* 포스트잇 활용

1. 단어장의 첫 페이지로 돌아간다. 형광펜이나 동그라미가 가장 많은 단어를 눈으로 확인한다. 아직도 외워지지 않은 10~20%의 단어일 확률이 높다.
2. 그 단어들을 포스트잇에 간단하게 옮겨 쓴다. 좌측에 철자를, 우측에 우리말 뜻을 적는다. 정리는 최대한 간단하게, 나만 알아볼 수 있는 글씨도 좋다.
3. 책상, 필통 등 자주 보는 곳에 붙여 두자. 눈에 보일 때마다 소리 내고 우리말 뜻을 3초 안에 말해 본다.
4. 포스트잇을 잠자리 근처에 두는 것도 효과가 있다. 나는 잘 때

오른쪽으로 돌아서 자는 습관이 있다. 그래서 오른쪽 벽에 붙여 놓았다. 자기 전에 한 번 훑어보고, 아침에 일어나자마자 나도 모르게 그 단어들을 다시 훑어보았다.

* **스마트폰 녹음 기능 활용**
1. 외워지지 않는 단어를 확인한다. 내 목소리로 단어를 발음하고 3초 뒤 우리말 뜻을 말한다. 이렇게 한 번에 30~40개 정도 녹음한다.
2. 등하교 또는 출퇴근마다 들어 본다. 단어 발음을 듣자마자 3초 간 우리말 뜻을 떠올려 본다.
3. 1~2주 정도 내 목소리를 듣다 보면 단어 암기에 많은 도움이 된다.

중급: 나만의 단어장 활용법

나만의 단어장으로 '단권화 전략'을 실천하라!

그동안 영어를 잘하는 사람들을 참 많이 만났다. 특히 국내파 고수들의 경우 공통점이 하나 있었다. 바로 자신만의 영어 수첩이 있었다는 것이다. 단어든 문장이든 보기 좋게 정리해서 두고두고 보는 습관을 들여 영어 고수가 된 경우가 많았다. 내게도 '준석이의 단어장'이 있었다. 정확히 고등학교 1학년 중반부터 3학년 때까지 썼던 방법인데, 지방에서 일반계 고등학교를 다니던 나의 영어 어휘 실력을 엄청나게 향상시켜 준 방법이었다.

1단계에서 시중에 파는 단어장으로 기초 단어를 학습했다면, 2단계에서 **본인만의 단어장을 반드시 만들기 바란다.** 영어 공부를 하면서 나온 새로운 단어나 표현들을 그때그때 보기 편하게 정리해 놓은 것이 '나만의 단어장'인데, 시중에 파는 단어장과 비교하면 아래와 같은 차이가 있다.

	시중에 파는 단어장	나만의 단어장
수 준	초급, 시험 입문자	초급 이수자, 중급
제작 노력	없음(구매하면 됨)	하나하나 다 정리해야 함
학습 범위	단어장만 공부하면 됨	내가 공부하는 교재나 강의 전 범위에서 나온 단어들
개인의 특성	반영되지 않음(아는 단어도 있고, 모르는 단어도 있음)	높게 반영됨(몰랐던 단어만 정리되어 있기 때문에)
비용	시중 판매 가격	무료
학습 시간	하루 30분, 최소 주 5일	하루 30분, 최소 주 5일
학습 방법	하루 5분씩 6번 읽고 뜻을 3초 안에 떠올리기	하루 5분씩 6번 읽고 뜻을 3초 안에 떠올리기
권수	1권	얇게 2권 이상

'나만의 단어장'은 단어장을 최소 1권 이상 본 사람이 활용해야 한다. 가령, 토익 공부를 한 번도 안 해 본 사람이 당장 토익 공부를 위해 '나만의 단어장'을 만든다고 생각해 보자. 정리를 시작하자마자 멘탈이 붕괴될 것이다.

그도 그럴 것이 두꺼운 토익 책을 열자마자 모르는 단어가 쏟아지는데, 그 단어를 죄다 정리해야 하기 때문이다. 아마 1~2주 만에 몇백 개가 훌쩍 넘는 단어를 정리해야 할 수도 있다.

사실 정리는 수단일 뿐, '머릿속 폴더'에 차곡차곡 잘 입력하는 게 최종 목표가 되어야 한다. 그래서 이 방법은 **초급자에게는 맞지 않는 방법**이라는 점을 다시 한 번 강조한다.

왼쪽은 고등학생 때 썼던 단어장, 오른쪽은 대학생 때 토익 공부하면서 만들었던 단어장이다.

초급자의 경우 수능이든 토익이든 중학교 1학년이든 **기초 단어장으로 1단계 공부**를 해야 한다. 그래야 이후에 '나만의 단어장'을 만들 때 정리할 단어들을 최대한 줄일 수 있다. 이렇게 자신의 수준 및 현재 상황을 잘 파악하고 공부해야 효과가 있다. 아무리 좋은 방법이라도 자신과 맞지 않으면 효과가 없기 마련이다.

이제 단어를 정리해 보자. 학생의 경우, 학교나 학원에서의 영어 수업, 내신 준비, 보충수업, 과외, 모의고사 오답 노트 제작 등 다양한 방식으로 새로운 영어 단어를 접하게 된다. 그때마다 단어를 정리하면 된다. 일반 영어 실력을 늘리고자 하는 학습자 역시 원서, 미드, 영자 신문 등에서 나온 단어를 정리하면 된다.

번호-단어-뜻 순으로 정리한다.

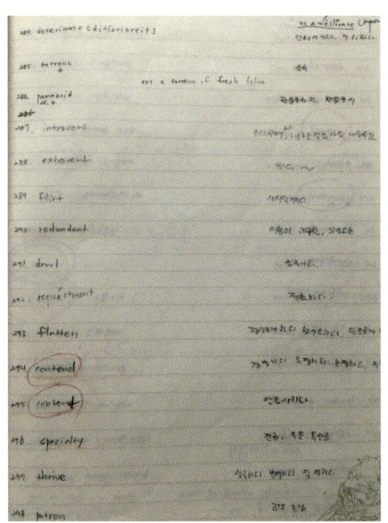

정리는 **최대한 간단**하게 하라. 정리하는 데 **최소한의 시간**을 들이고, 숙지하는 데 **최대의 시간**을 투자해야 한다. 틈날 때마다 단어를 정리한다.

파생어(명사형, 형용사형 등)는 굳이 한 번에 다 찾아서 정리하려 하지 마라. 정말 중요한 단어라면 나중에 다시 접하게 되어 있다. 해당 단어를 발견한 문장이 짤막하다면 **간단히 예문**으로 정리해 놓으면 좋다. **너무 긴 예문이라면 과감히 빼거나 최소 단위만 정리**하자.

단어는 금세 모일 것이다. 외워야 한다는 강박관념을 내려놓고, 3초 내로 기억이 나는지 여부만 확인하라. 1단계와 마찬가지로 별표나 밑줄 등 자신만의 표시를 활용하라. 하루에 외울 양을 정해 놓고 누적 학습을 하면 된다.

절대 외우려 하지 마라. 망각을 규칙적으로 잘 활용하면 아주 효과적이다. 자신이 정리한 노트 두어 권에 있는 단어를 90% 이상 숙지한다면 어휘는 최고 수준이 될 것이다.

1. 하루 학습량을 정하고 5분씩 6회, 30분을 투자하라.
2. 월~금 5일 동안 누적 학습을 하고 일요일은 휴식하라.
3. 4주 동안 최대한 단어를 공부하고 다음 2주 동안은 복습하라.
4. 1~3의 원칙대로 한 권이 끝날 때까지 학습하라.
5. 5주 차부터는 4주 차 이후의 단어를 1~3의 원칙대로 공부하라.
6. 위와 같은 식으로 단어장 한 권이 끝나면 다시 처음부터 2~3독 하라.
7. 최후의 단어를 모아 '단어 이삭 줍기'를 하라.

혼공 실천: 나만의 단어장 학습 계획(2단계)

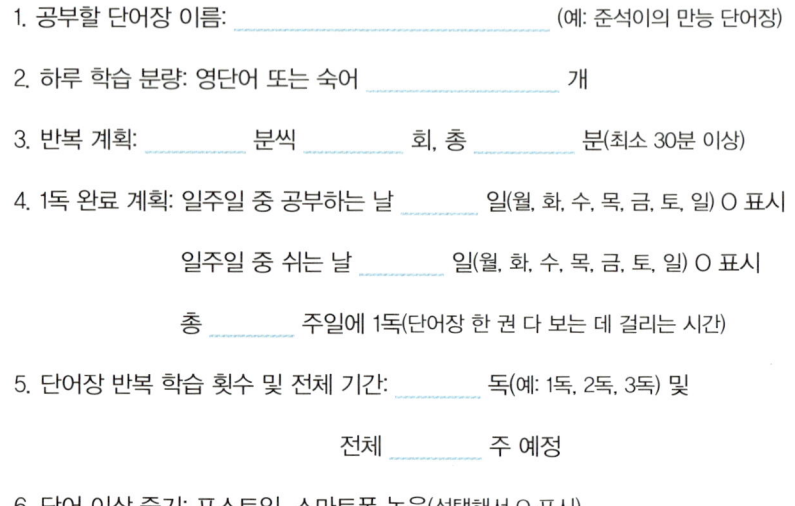

1. 공부할 단어장 이름: _____ (예: 준석이의 만능 단어장)

2. 하루 학습 분량: 영단어 또는 숙어 _____ 개

3. 반복 계획: _____ 분씩 _____ 회, 총 _____ 분(최소 30분 이상)

4. 1독 완료 계획: 일주일 중 공부하는 날 _____ 일(월, 화, 수, 목, 금, 토, 일) O 표시

   일주일 중 쉬는 날 _____ 일(월, 화, 수, 목, 금, 토, 일) O 표시

   총 _____ 주일에 1독(단어장 한 권 다 보는 데 걸리는 시간)

5. 단어장 반복 학습 횟수 및 전체 기간: _____ 독(예: 1독, 2독, 3독) 및

   전체 _____ 주 예정

6. 단어 이삭 줍기: 포스트잇, 스마트폰 녹음(선택해서 O 표시)

영문법 학습법

1. 영문법에 너무 목숨 걸지 마라

영어의 시작은 영문법이다. 이 말에 딱히 반박할 수는 없다. 영문법을 알면, 가령 언제 to를 쓰고, ~ing를 쓰는지에 대해 정확히 알게 된다. 또 품사와 문장의 구조를 이해하면서 우리말과 다른 어순과 단어의 쓰임까지 폭넓게 이해할 수 있다. 결국 영문법은 한국에서 영어를 공부하는 상황에서는 아주 효율적인 방법을 제시해 준다고 볼 수 있다.

문제는 영문법을 **어느 정도로 알아야 하느냐**다. 두꺼운 영문법 책을 4~5번 반복해서 내용을 토씨 하나 빠뜨리지 않고 기억해야 할까? 모든 문장을 1~5형식으로 분류할 수 있어야 할까?

몇 년 열심히 공부하면 웬만한 영문법은 다 알 수 있는 걸까?

지극히 개인적인 생각이지만, 영어 전공자나 영어를 가르치는 사람이 될 게 아니라면 아래 정도로 생각하면 될 것 같다.

> 1. 영문법은 영어 문장의 우리말 해석을 돕기 위해 활용하는 법칙이다.
> 2. 어려운 용어에 매달리기보다는 의미에 어떻게 적용되는지에 집중하라.
> 3. 챕터별로 개념을 간단하게 요약하고, 관련 예문 1~2개는 꼭 기억하라.

가끔 《성X 기본영어》의 방대한 영문법에 대해 이야기하며 어려운 문법을 공부하던 시절을 그리워하는 이들이 있다. 공부하는 맛이 있었다면서 말이다. 물론 그 많은 법칙을 머릿속에 완전히 익혔을 때의 기분은 아주 좋았을 것이다.

하지만 내 경험에 의하면 안타깝게도 이렇게 문법을 마스터한 이들 중 대부분은 영어로 말하는 데 많은 어려움을 겪었다.

왜 어려움을 겪는 걸까? 가장 큰 이유를 들어 보겠다. 이들은 문법을 깊게 파고들어 상당히 많은 규칙을 알고 있다. 그러다 보니 말하거나 쓸 때 '**실수할까 봐, 문법적으로 틀릴까 봐**' 머릿속에서 완벽한 문장을 만든 다음 말하려는 편이다. 원어민들이 볼 때는 어쩐지 자연스럽지가 않다. 원어민과의 실전 회화에서는 1~2초만 머뭇거려도 상대방과 나 사이에 '어색함'이 생기기 때문이다.

모든 원어민들이 우리 앞에서 차분하게 기다려 주지 않는다. 실제로 여러 지인이 해외여행에 가서 음식을 주문할 때 머뭇거리면 굉장히 불친절하게 응대하는 외국인들을 겪었다고 한다. 물론 그 종업원이 잘했다는 것은 아니다.

반면 영미권 출신이 아닌 외국인이 쉬운 단어로 자신이 하고 싶은 말을 편하게 하는 경우도 종종 본다. 사실 언어 사용은 이들처럼 쉽고 **즉각적으로** 해야 하는데, 영문법의 규칙에 얽매이는 많은 한국 사람들은 머릿속으로 문법상 100% 바른 문장을 만드느라 시간을 지체한다. 동시에 '내가 하는 말을 못 알아들으면 어떡하지?' 하는 걱정도 한다.

명심하자. **고기는 씹어야 제맛이고, 영어는 표현해야 제맛이다.** 지식이 아닌 언어로서 영어를 접근하려면, 문법적으로 지나치게 깊이 파고들어 공부하려 하지 마라. 언어는 '공부'로 접근하기보다는, 가볍게 원리를 '이해'한 다음 내 입, 귀, 손으로 직접 접근해야 한다.

그럼에도 자신이 가장 잘하는 것은 영문법인지라 간혹 모든 회화 문장까지 문법적으로 분석하는 이들을 본 적이 있다. 이들은 원어민이 쓰는 표현도 때론 틀렸다고 말하곤 한다. 물론 원어민이 100% 맞다는 것은 아니다. 나 역시 원어민이 검수한 것을 다시 확인하고 두 번 세 번 물어본다. 그래도 이상하면 또 다른 원어민에게 검수한다. 하지만 언어 사용이란 유행에 따라 서서히 달라지기도 한다. 언어도 변화하는 것이니까.

그런데 그런 변화까지도 엄격한 문법을 기준으로 삼아 다 '틀렸다'고 지적하는 분들이 있다. 내 원어민 친구들은 그런 분들을 '그래마피아(Grammar+Mafia)'라고 부르기도 하더라. 문법에 있어서 이탈리아의 범죄 조직, '마피아'와 같다고 해서 붙은 별명이다.

높은 점수가 목적인 시험 영어가 아니고서야, 평소 말하고 들을 때는 문법보다 실생활에서 사용(usage)하느냐의 관점에 따라 판단해야 하지 않을까 싶다. 수영하는 법을 아무리 책으로 달달 외웠다고 해도 바닷물에서 한 번도 놀아 보지 않았다면, 당장 '생존 수영'을 할 수 있는 사람보다 나은 점이 뭐가 있을까?

대부분의 한국 사람들은 **기존의 일본식 영문법을 달달 외우는 방식**에서 이제 탈피해야 한다.

2. 관사 a, an을 왜 쓸까?

여러분이 무인도에 있다고 가정해 보자. 식량은 떨어져 가고, 구조되기만을 기다린 지 열흘이 되어 간다. 어느 날, 수평선에 무엇인가 보이기 시작했다. 아직 하나의 점으로 보일 뿐이지만, 희망의 빛이 쏟아진다. 잠시 후, 그 점이 점점 다가왔다. 이제 확실히 보인다. 아, 나를 구조할 배 한 척이구나. 잠깐만, 배 한 척을 영어로 하면 뭐지? 우리말로는 '배 한 척'이지만 영어로는 'one boat'다. 어순이 정반대라 머리가 아프지만, 방금 무인도에서 본 것을 간단히 표현해 보자.

처음 본 것   나중에 본 것

'하나'   '배'

영어로 '하나'는 'one', '배'는 'boat'다. 이를 순서대로 나열하면 'one boat'다. one을 더 쉬운 단어로 바꾸면 'a(하나의)'다. 결국 한글로는 '배 한 척'이지만 영어로는 'a boat'가 된다. 순서가 다를 수밖에 없다. 이렇게 영어에서 관사는 **가장 먼저 본 숫자 정보**를 전달하고 있다.

a는 원어민들이 '어'나 '에이'로 발음한다. '에이'는 '하나의'라는 느낌을 강조할 때 발음하는 방식이니 참고하자.

예) a boat ➡ 어 보우트 (평소 발음)
               에이 보우트 (배가 한 대임을 명확하게 말할 때)

그런데 boat는 'b', 우리말로 하면 'ㅂ'으로 시작한다. 즉 자음으로 시작됨을 알 수 있다. 관사 a는 다음에 오는 단어의 시작이 자음일 때 쓰인다. 발음할 때 '모음+자음' 어순이 편하기 때문이다. 그래서 'a(모음) b(자음)oat'처럼 boat 앞에는 'a'가 오는 것이다.

반대로 apple은 'an apple'로 an이라는 관사를 쓴다. an 역시 '하나의'라는 의미의 관사다. 그런데 왜 a를 관사로 쓰지 않는 걸까? apple에서 'a'는 '애'로 발음된다. 모음이다. 만약 관사로 a가 오면 '모음+모음'이 되니 발음하기 불편(어애플)하다. 그래서 'a(모음)+n(자음)+ a(모음)pple'(어내플)이 되는 게 편하다. n이 쿠션 역할을 해 주기 때문이다. 무조건 모음 앞에는 an이 온다고 외우지 말고 이해를 하면 훨씬 도움이 될 것이다. 지금까지의 공식을 정리하면 아래와 같다.

a   boat
모음(어)   자음(ㅂ) → 모음 + 자음

a + n   apple
모음 자음   모음 → 자음 + 모음

'모음+자음' 또는 '자음+모음'의 결합을 해야 발음하기가 편하다. 그래서 모음으로 시작하는 단어 앞에는 관사 an을 쓴다.

예)
a cap   an egg
a pond   an orange
a ship   an e-mail
a book   an angel

> **사람들이 실수하는 관사**

a useful tool	u를 보면 관사 an을 쓸 거 같지만 발음기호로 'j'이기 때문에 a를 쓴다.
an hour	h 자체만 보면 a가 와야 할 거 같지만 발음할 때 '아우어'처럼 되기 때문에 h를 '아'로 봐야 한다.
an FM radio	fly와 달리 FM의 F는 '에'로 발음을 시작하기 때문에 an이 온다.
an honest kid	hour와 같은 원리다. '하니스트'라고 발음하지 않는다.
an MP3 player	M을 mountain처럼 'ㅁ'으로 발음하지 않고 알파벳 '엠'으로 보기 때문에 '에'+'ㅁ'으로 봐야 한다. 따라서 an을 써야 한다.

스펠링을 보고 a, an을 상당수 결정할 수 있지만, 이는 어디까지나 발음을 쉽게 하기 위함이기 때문에 실제 발음을 해 보거나 발음기호를 찾아보면 이해하는 데 큰 도움이 된다.

3. 복수 명사에는 왜 s를 붙일까?

단수/복수라는 말을 많이 들어 봤을 것이다. 우리말에서는 그리 중요하게 다루지 않지만 영어에서는 관사가 오는지, 아니면 명사에 s나 es가 붙는지가 무척 중요하다. 이해를 돕기 위해 머나먼 과거로 돌아가 보자.

머나먼 옛날……. 눈부신 파도, 쏟아지는 햇살. 무역으로 유명한 이 섬은 오늘도 분주하다. 동부 지중해의 교역을 거의 독점하고 있기 때문에 상인들은 눈코 뜰 새 없이 바쁘다.
"어이, 아들! 오후에 들어오기로 한 물건 몇 개였지?"
"하나였나? 둘이었나? 아빠, 잠깐만요!"
"그래, 꼼꼼하게 챙겨. 지난번처럼 한 개 줄 거 두 개 주면 우린 남는 게 없다고!"
"네, 알았어요."

영어에 영향을 미쳤다고 여겨지는 서양문명을 거슬러 올라가면, 대략 크레타 문명이 나온다는 이야기가 있다. 당시에는 상업이 매우 발달했기 때문에, 교역할 때 한 개인지 두 개 이상인지 그 차이를 분명하게 하는 것이 아주 중요했을 것이다. 따라서 사물이 두 개 이상일 때는 한 개가 아니라는 의미로 단어에 표시를 해 놓으면 편리했을 것이다.

명사 앞에 two, three를 붙이는 것뿐 아니라 두 개 이상일 때 명사 뒤에 s, es를 붙인다면 한 개 줄 것을 두 개 줄 리 없고, 두 개 줄 것을 한 개 줄 일도 없을 것이다.

이런 의미에서 두 개 이상을 '복수'라 하고, s, es를 뒤에 붙인다고 여기면 좀 더 쉽게 이해할 수 있지 않을까? 즉 교역할 때 손해 보지 않기 위한 안전장치로 시작되었다고 생각하면 재미있게 이해할 수 있을 것이다.

4. 셀 수 없는 명사는 왜 있을까?

이 또한 상업문화와 연결시켜 생각해 보면 간단하다. 요즘이야 생수를 플라스틱 통에 담아 한 개, 두 개 단위로 판매하지만, 까마득한 옛날로 거슬러 올라간다면 쉽지 않은 일이었을 것이다. 그땐 식수를 구하기도 힘들었고, 주로 우물이나 저장고를 통해 갈증을 해결했다. 그렇기 때문에 **'물'이라는 것은 쉽사리 하나, 둘 셀 수 있는 대상이 아니었다.** 따라서 water, milk, tea 등과 같은 물질들은 바로 셀 수 없어서 s, es를 붙여 복수 취급하지 못했을 것이다.

하지만 인류가 발전하고 장사를 하면서 셀 수 없는 것들도 팔아야 했다. 팔려면 하나, 둘 셀 수 있도록 상품화를 해야 한다. 그래서 **병이나 용기에 담아야 했다.** 그런 다음 그 병이나 용기를 세면 간단하다. 그렇다면 '물 한 잔'을 영어로 옮겨 보자. 영어식 사고는 앞서 말한 것처럼 관찰자가 물건으로 서서히 다가가면서 본 것을 나열하는 방식이다.

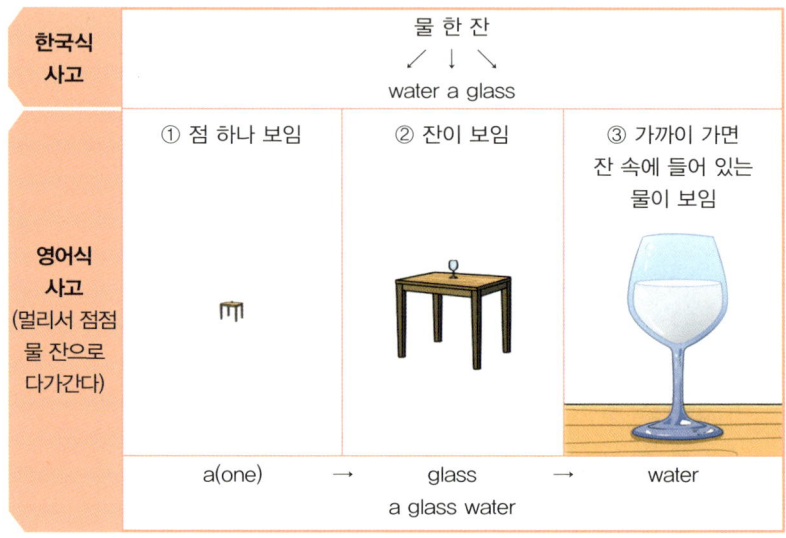

이렇게 'a glass water'의 어순이 완성되었다.

잠깐! 여기서 glass와 water가 그냥 연속으로 오면 어색하다. 영어에서 '명사+명사'가 연속으로 오는 경우는 거의 없다. 따라서 잔 속에 물이 담겨 있다는 '두 명사' 사이에 **연결어가 필요하기 때문에 밀접한 관련을 나타내는 'of'**를 넣어 주면 다음의 표현이 완성된다.

a glass of water
[한 개의 잔이 있는데 들여다보니 물이 들어 있어.]

두 잔을 말하고 싶다면, 잔은 셀 수 있기 때문에 '잔(glass)'을 복수 취급하면 된다.

two glasses of water
[두 개의 잔들이 있는데 둘 다 들여다보니 물이 들어 있어.]

이 정도면 간단하게나마 셀 수 없는 명사에 대해 이해하고, 그것을 셀 때 도구를 사용한다는 점도 이해할 수 있을 것이다.

5. 왜 S + V 일까?

영어 문장의 제일 기본 구조를 주어(S) + 동사(V)라고 배웠다. 동사(V) + 주어(S)로 쓰면 안 될까? 왜 주어(S) + 동사(V)순으로 쓰는 게 맞을까?

학교, 학원에서 그렇게 가르쳐 주니까? 일반적으로 강의를 들으면 시작부터 '영어는 주어 + 동사의 어순, 즉 S + V입니다' 하고 가르친다. 그리고 그다음으로는 문장의 5형식을 외우게 한다. 기본적인 거니까 암기해야 영어가 편하단 말도 한다. 나 역시도 그렇게 공부했다. 5형식까지 배우고 나면 문장 분석이 잘되고, 독해하는 재미도 쏠쏠했다. 하지만 나중에 말하기 공부를 다시 하느라 너무 힘들었다. 그래서 적어도 여러분에게는 원리부터 알려 드리고 싶다.

앞에서 관사에 대해 말할 때 영어는 '관찰자' 눈에 보이는 순서대로 표현한다고 했다. a boat처럼 멀리서는 점 하나로 보이고(a), 내가 몸을 움직여 더 가까이 가 보면 boat가 보이기 때문이다. 우리말로는 '배(boat) 한 척(a)'이니까 어순은 당연히 반대가 될 수밖에 없다.

자, 그러면 관찰자, 즉 사람 자체를 다시 분석해 보자.

관찰자도 **머리의 명령(S)으로 몸(V)이 따라가는 순서**가 자연스럽다. 그렇기 때문에 'S+V(주어+동사)' 어순이 나온다. 이제 문장을 만들어 볼까? 머릿속에 그림을 그리면 더 쉽다. 최대한 쉽게 생각해 보자. 머리, 몸의 순서로 그림을 그리는 것이다.

1. 나는 빵을 먹는다.

2. 나는 아침에 조깅을 한다.

3. 그녀는 어젯밤에 책을 읽었다.

4. Jason은 7시에 등교한다.

 자, 굳이 위의 네 문장을 우리가 아는 1~5형식으로 구분할 필요가 있을까? 머릿속으로 심각하게 영작을 할 필요가 있을까? 그런 과정이 없어도 간단한 뼈대는 직관적으로 만들 수 있다.

 물론 문장이 복잡해지거나, 추상적인 생각을 전달하려면 위의 방식이 잘 통하지 않을 것이다. 하지만 기초인 'S+V'에서 내용이 확장된다는 원리를 이해하고 나면 영어의 세상은 분명히 달라진다.

이렇게 영어를 쉽게 생각하고 머릿속으로 계속 어순을 그려 보자.

6. 문장의 5형식을 외워야 하나?

학창 시절에 '주어+동사'를 공부하고 나면 그다음에는 꼭 문장의 5형식을 공부했다. 아니, 모든 책과 강의에서 다루었기 때문에 어쩔 수 없이 봐야 했다.

> ☞ 우리가 공부하는 문장의 5형식
> 1형식: S + V(완전자동사)
> 2형식: S + V(불완전자동사) + C
> 3형식: S + V(완전타동사) + O
> 4형식: S + V(수여동사) + I.O. + D.O.
> 5형식: S + V(불완전타동사) + O + O.C.

영어 공부하는 사람들의 고비는 아래와 같이 온다.

> 1. 4형식 수여동사의 종류를 암기한다.
> 2. 4형식 문장을 3형식으로 바꾸는 연습을 한다. 특히 전치사 to, for, of 중 무엇이 오는지를 암기한다.
> 3. 5형식의 동사에 따라 O.C.(목적보어) 자리에 무궁무진한 표현들이 온다는 사실을 알게 된 다음 그 동사를 외운다.

개인적으로 문장의 5형식보다는, 동사의 특징을 크게 5가지로 구분해 살피는 정도가 맞다고 본다. 좀 더 쉽게 5형식을 풀어 보겠다.

> **혼공 5동사**
>
> | | |
> |---|---|
> | 1동사 ~은, 는, 이, 가 / ~한다
2동사 ~은, 는, 이, 가 / ~이다, 되다, 느끼다 / 상태, 신분
3동사 ~은, 는, 이, 가 / ~한다 / ~을, 를
4동사 ~은, 는, 이, 가 / ~준다 / ~에게 / ~을, 를
5동사 ~은, 는, 이, 가 / ~한다 / ~을,를 / 상태, 신분, 동작 | + 부록
(시간, 장소, 기타) |

사실 새로운 것은 전혀 없고 우리말 해석이 쉽도록 해 놓은 정도다. 원한다면 모든 문장에는 시간, 장소, 기타 내용의 '부록'을 덧붙일 수 있다. 부록은 말하는 사람의 의도에 따라 붙일 수도 뺄 수도 있으니 참고하자.

1동사(1형식)

1동사 ~은, 는, 이, 가 / ~한다

He / runs.
그는   달린다.

He / runs / every day.
그는   달린다   매일(부록: 시간)

every day는 시간을 나타내는 부록으로 말하는 사람이 넣고 싶으면 넣고 빼고 싶으면 빼도 된다. 그래서 '부록'이다. 하지만 runs를 빼면 표현이 영 어색해진다. 그래서 He(S)와 runs(V)는 이 문장에서 절대로 빠지면 안 되는 필수 뼈대이지, 부록이 아니다.

영어에서 어순은 관찰자 시점이므로 머릿속에 어순을 그리는 것도 중요하다. 늘 기본 뼈대는 이미지로 그려 보는 연습을 하자.

2동사(2형식)

2동사 ~은, 는, 이, 가 / ~이다, ~되다, 느끼다 / 상태, 신분

I / am / happy.
나는 ~이다 행복한(상태)

He / became / a doctor / in 2010.
그는   되었다   의사(신분)   2010년에(부록: 시간)

John / feels / lonely.
존은   느낀다   외로운(상태)

She / turned / pale / suddenly.
그녀는   되었다   창백한(상태)   갑자기(부록: 기타)

'~이다, ~되다'와 뒤에 나오는 '상태, 신분'을 처음에는 위와 같이 끊어서 이해하자. 하지만 눈에 들어오기 시작한다면 아래처럼 이해해 보자. 더 빨리 이해할 수 있다.

I / am happy.
나는   행복하다.

He / became a doctor / in 2010.
그는   의사가 되었다   2010년에

John / feels lonely.
존은   외롭다고 느낀다.

　　　　　She　　/　　turned pale　　/　　suddenly.
　　　　　그녀는　　　　창백해졌다　　　　　갑자기

　여기서 turned pale이 이해되지 않을 수 있다. turn의 원래 의미인 '돌다, 돌리다'로 해석되지 않기 때문이다. 하지만 단어 하나를 보기보다는 전체 구조를 생각해야 한다. 원어민이 이 문장을 말했다면 'She'와 'Pale' 두 단어만 듣고도 '아, 그녀가 창백하다는 거군!'이라고 생각할 수 있어야 한다. 그래서 상태가 나왔다면 동사는 주로 거기에 맞춰서 '~되다'로 받아들이면 된다.

　가령 'He went mad.'라는 문장을 보더라도 '그는 / 갔다 / 화난'이라고 해석되겠지만, mad(화난)라는 '상태'가 왔기 때문에 went는 '되었다'라고 해석해야 한다. 그래서 '그는 화가 났다'라고 해석된다.

　명심하자. 같은 동사라도 뒤에 어떤 구조가 오느냐에 따라 의미가 다르게 쓰일 때가 많다. 대표로 다음 한 문장을 이미지로 기억하자.

3동사(3형식)

3동사 ~은, 는, 이, 가 / ~한다 / ~을, 를

  She / taught / English.
그녀는   가르쳤다   영어를

  He / baked / cookies / in the kitchen.
그는   구웠다   쿠키를   부엌에서(부록: 장소)

기본적으로 위와 같은 동사는 뒤에 '을, 를'이 와야 전달하려는 바가 명확해진다. 친구에게 "그가 구웠어"라고 말하면 "무엇을?"이라고 물을 것이다. 그 '무엇'에 해당하는 것이 바로 뒤에 따라오는 것이다.

영어에서는 3동사 문장이 가장 많다. 뒤에 부록인 장소, 시간 등을 붙여 가면서 다양한 문장을 만들 수 있으니 이 구조를 잘 활용해 보자.

He   baked   cookies   in the kitchen.

4동사(4형식)

4동사 ~은, 는, 이, 가 / ~준다 / ~에게 / ~을, 를

She / taught / me / English.
그녀는 가르쳐 주었다 나에게 영어를

He / baked / us / cookies.
그는 구워 주었다 우리에게 쿠키를

I / bought / her / a book / for her birthday.
나는 사 주었다 그녀에게 책을 그녀의 생일을 위해 (부록: 기타)

여기서부터 학습자들에게 혼란이 온다. 분명히 앞서 3동사에서 'taught(가르쳤다), baked(구웠다)'라고 배웠고, buy의 과거형인 bought도 '샀다'라고 배웠는데 왜 의미가 다른 걸까?

일단 3동사일 때의 의미 그대로 해석하고, 뒤에 오는 me, us, her를 '~을, 를'로 해석해 보자.

그녀는   가르쳤다   나를   영어를
그는   구웠다   우리를   쿠키를
나는   샀다   그녀를   책을

첫 번째 문장은 그럭저럭 괜찮은데, 두 번째와 세 번째 문장은 의미가 상당히 이상해진다. 3동사를 쓸 때의 문장구조와 달리 동사 뒤에 두 개의 정보가 오기 때문이다.

따라서 같은 동사라도 뒤에 구조가 다르면 의미를 달리해야 한다. 같은 동사라도 3동사로 쓰일 때는 'write(쓰다), bake(굽다), buy(사다)'이지만 4동사로 쓰일 때는 **'써 주다, 구워 주다, 사 주다'**라고 해석해야 뒤에 따르는 말을 '~에게, ~을'이라고 해석할 수 있다.

5동사(5형식)

5동사 ~은, 는, 이, 가 / ~한다 / ~을, 를 / 상태, 신분, 동작

They / called / him / Jack.
그들은   불렀다   그를   Jack이라고(신분: 이름)

The movie / made / me / sad.
그 영화는   만들었다   나를   슬픈(상태)

I / saw / a man / playing the piano.
나는   보았다   한 남자를   피아노 연주하는(동작)

두 번째 문장은 '그 영화는 나를 슬프게 만들었다'로 해석하면 자연스럽다. 이때 '슬프게'라는 의미의 **sadly를 생각할 수 있다.** 하지만 '상태'를 나타내는 형용사가 와야 하기 때문에 sad가 맞다. 말하거나 쓸 때는 '나를 슬픈 상태로'와 같은 의미로 생각하자.

나에게 맞는
인터넷 강의 & 책 선택 방법

인터넷 강의 선택 방법

1. 요즘에는 프리패스형 강의가 많다. 연간 회비를 내고, 모든 강의를 무제한으로 수강하는 방식이다. 잘 활용하는 사람도 있지만, 인터넷 강의를 처음 시작한다면 조금 위험할 수 있다. 저렴하다고 헬스장 1년 이용권을 무턱대고 끊는 것과 같다. 꾸준히 다닐 것 같지만 2~3달만 지나면 100가지 이유를 만들어서 헬스장에 가지 않는 일이 다반사다. 영어를 공부할 때에도 이런 현상이 온다. 따라서 감정적으로 선택하지 말고, 선택해야 하는 실질적인 이유를 5가지 정도 따져 보고 그래도 합당하다고 판단되면 구매하자.

2. 입소문으로만 강의를 100% 판단하지 말고, 반드시 오리엔테이션을 직접 들어 보자. 강사의 말투, 판서, 유머 등을 전체적으로 보고 판단하자. 보통 오리엔테이션은 그리 길지 않으니 반드시 시간을 내서 직접 확인해야 한다. 요즘은 온라인 시대라 해당 강의에 대한 댓글 아르바이트나 과다 홍보도 꽤 많기 때문이다.

3. 긴 강의는 처음부터 선택하지 말자. 50분 강의가 30강이 넘어가면 꽤 위험하다. 보통 인터넷 강의의 완강률이 10%를 채 넘기지 못하기 때

문에 나 역시 실패한 90% 중 한 명이 될 수 있다. 영문법의 경우 처음부터 50~60강짜리를 선택하면 기적이 일어나지 않는 이상 완강하기가 무척 어렵다. 또 긴 강의를 완강하고 나면 1강의 내용이 잘 기억나지 않아 좌절에 빠질 수 있다. 따라서 가능하면 짧은 강의를 듣고 여러 번 정리하는 것이 효율적이다.

4. 요즘은 유료와 무료의 경계가 거의 허물어진 상태다. 내가 정말 마음에 드는 선생님의 강의라면 유료로 들어도 좋다. 하지만 딱히 그런 것이 없다면 EBS나 유튜브를 활용해도 충분하다. 유료를 능가하는 무료 강의가 상당히 많기 때문이다. 문제는 사람들이 그 사실을 잘 모른다는 점과, 돈을 내야만 그게 아까워서 공부하는 나약한 정신력이다.

교재 선택 방법

1. 서점이나 도서관 투어를 하면서 책을 직접 손으로 만져 봐라. 책의 크기, 분량, 이론과 문항의 비율 등을 눈으로 직접 확인하라.
2. 해당 책을 1독하는 데 걸릴 전체적인 시간을 현실적으로 계산해 본 다음, 하루 분량을 정하라. 1일 분량이 나의 하루 학습 시간과 비교했을 때 지나치게 많으면 망설임 없이 그 책을 제외하라.
3. 토익, 텝스 교재는 도서관에서 대여할 수도 있다. 마음에 들지만 다소 애매한 교재는 당장 사고 싶더라도 참고, 도서관에서 빌려라. 일주일 동안 연습장에 답을 쓰면서 직접 그 책을 체험하라. 미처 몰랐던 단점이나 장점을 찾을 수도 있다.
4. 무료 강의가 수록되었다고 무턱대고 사지 마라. 팟캐스트인지, MP3인

지, 인터넷 강의인지에 따라 활용 방법이 달라진다. 어느 것이 내가 가장 선호하는 방식인지를 확인하고 한 강의당 재생 시간을 확인하라. 50분짜리 강의는 생각보다 집중하기가 무척 어렵다. 맛보기 강의가 있으면 미리 들어 보라. 예상과 달리 강의 자체가 별로일 수도 있다.

5. 위의 기준대로 교재를 선정하자. 가격 차이가 너무 나지 않는 이상 학습에서는 질적인 부분을 고려해야 한다.

구문(문장) 학습법

1. 조사를 잘 붙이면 해석이 척척

　많은 사람들이 영어 읽기를 잘하려면 단어를 많이 외우면서 영문법을 공부하면 된다고 생각한다. 하지만 단어 학습 다음에 이어져야 하는 것은 문장 학습법, 즉 구문 학습이다.

　보통 수능 지문을 기준으로 하나의 짧은 글은 130~150개 단어로 구성되어 있다. 문장 기준으로 나누면 6~8개라고 보면 된다. 이 문장들의 관계를 잘 생각하면서 글 전체의 핵심을 파악해야 독해를 잘한다고 볼 수 있다. 하지만 그런 논리를 잘 파악하기 위해서는 **문장 하나하나의 정확하고 신속한 해석**이 우선되어야 한다.

따라서 단어 공부 다음에 가장 먼저 해야 할 일은 문장 해석 연습, 즉 철저한 구문 학습이다. 개인마다 차이는 있지만 100~200개의 좋은 문장을 줄줄 해석하는 정도로 기본기만 잘 다져도 이후부터는 광범위한 독서를 통해 읽기 능력이 일취월장할 수 있다. 문제는 문장 해석을 어떻게 하면 잘할 수 있냐는 것이다.

영어에는 없지만, 우리말에 있는 **조사를 잘 활용**하면 아주 수월하다. 일부 내용은 영문법을 설명할 때 다루었기 때문에, 이해가 되는 부분은 눈으로 죽 훑어 가면서 보길 바란다.

1. S(주어) 다음에는 '은, 는, 이, 가'를 붙인다.
   I / ate.
   나는 / 먹었다

2. 동사 다음에 동사의 대상이 오면 '~을, 를'을 붙인다.
   I / ate / some bread.
   나는 / 먹었다 / 약간의 빵을

3. 시간을 나타내는 덩어리가 오면 '~에'를 붙인다.
   I / ate / some bread / in the morning.
   나는 / 먹었다 / 약간의 빵을 / 아침에

4. 장소를 나타내는 덩어리가 오면 '~에서'를 붙인다.
   I / ate / some bread / in the kitchen.
   나는 / 먹었다 / 약간의 빵을 / 부엌에서

> 5. 같은 동사라도 뒤에 어떤 것이 오는지를 잘 보고 조사를 결정한다.
>   He / taught / me.
>   그는 / 가르쳤다 / 나를
>
>   He / taught / me / English.
>   그는 / 가르쳤다 / 나에게 / 영어를('나를 영어를'은 어색함)

위의 공식을 적용하면 간단한 문장들은 거의 다 해결된다. 물론 영어도 언어인지라 위보다 더 복잡한 문장들이 있다. 그런 문장도 위의 뼈대에서 확장시키면 충분히 정복할 수 있다.

2. 문장이 길면? 끊어 읽기 활용법

앞서 배운 '조사'를 붙이는 연습을 하면 영어 왕초보라도 자신감을 가질 수 있다. 영어 선생님도 초보를 가르칠 때 쉽게 활용할 수 있다. 문제는 조금 더 길어지고 어려운 문장을 접하면서부터다.

이런 경우 왜 문장이 길어지는지를 잘 생각해 보고, 끊어 읽기를 잘 활용하면 쉽게 접근할 수 있다. 끊어 읽을 때는 / 표시를 꼭 해 보자. 숙달되면 표시를 하지 않아도 눈에 잘 들어온다. 다음의 원칙을 보고 / 표시를 하는 기본기를 익혀 보자.

1. 주어가 길면 동사(동작) 앞에서 끊는다.

   A very pretty woman / is coming.

   한 아주 예쁜 여자가 / 오고 있다

2. 접속사 and, but 앞에서 끊는다.

   A very pretty woman / is coming / and I feel happy.

   한 아주 예쁜 여자가 / 오고 있다 / 그리고 나는 행복하다

3. 콤마(,)가 나오면 일단 끊는다.

   Fortunately, / a very pretty woman / is coming.

   운 좋게도 / 한 아주 예쁜 여자가 / 오고 있다

4. 시간, 장소를 의미하는 덩어리 표현이 나오면 그 앞에서 끊는다.

   A very pretty woman / is coming / to me.

   한 아주 예쁜 여자가 / 오고 있다 / 나에게

   A very pretty woman / is talking / at the airport.

   한 아주 예쁜 여자가 / 말하고 있다 / 공항에서

5. 추가 정보를 주는 who, which, that, ~ing 표현이 오면 끊는다.

   A very pretty woman / wearing a blue hat / is coming / to me.

   한 아주 예쁜 여자가 / 파란색 모자를 쓰고 있는 / 오고 있다 / 나에게

6. to+동사가 등장하면 그 앞에서 끊는다.

   A very pretty woman / wearing a blue hat / is coming / to me / to ask directions.

   한 아주 예쁜 여자가 / 파란색 모자를 쓰고 있는 / 오고 있다 / 나에게 / 길을 물어보려고

   ＊to me의 to와 to ask의 to는 다르다. to me에서 to는 '방향, 장소' 개념이고, to ask는 'to+동작(동사)'이기 때문에 '~하려고, ~하기 위해서'로 해석한다.

문장을 보면 연필로 / 표시를 하면서 '은, 는, 이, 가'와 '을, 를' 그리고 '~에게, ~에서, ~로, ~하기 위해' 등을 붙이는 연습을 많이 하라. 그런 다음 복습을 할 때는 / 표시를 지우고 해석해 본다. 이 과정이 익숙해지면 새로운 문장을 봐도 / 표시 없이 문장의 구조가 눈에 들어올 것이다. 결국 문장을 볼 때 한눈에 들어오는 범위가 아주 넓어진다.

3. 생명의 복습

아마 책이나 강의로 구문 공부를 했음에도 독해 실력이 크게 늘지 않은 사람들이 꽤 많을 것이다. '아직도 단어가 부족한가?', '문법이 부족해서인가?'라고 자신에게 계속적으로 물어본다. 답지를 보거나 설명을 들으면 그제야 무릎을 탁! 치기도 한다. 왜 내가 직접 해석해 보려고 하면 생각보다 잘 안될까?

영어는 외국어다. 우리말로 옮기는 작업을 많이 해야 한다. 강의를 보거나 책을 보면서 공부하는 것도 중요하지만, 사실은 내가 직접 문장을 해석하는 것이 중요하다. 즉 복습이 어마어마하게 중요하다는 말이다. 그럼에도 대부분의 사람들은 복습을 생각보다 열심히 하지 않는다. 아니, 대충 하고도 열심히 했다고 자부할 때가 많다. 귀찮아서이기도 하지만 효율적으로 복습하는 방법을 잘 모르기 때문이다.

복습은 정확성과 속도(유창성)를 점검하고 향상시키는 시간이 되어야 한다. 처음에는 한 문장이라도 정확하게 해석해야 하고, 익숙해지면 속도를 점점 올려야 한다. 다음을 보고 자세한 방법을 알아보자.

1. 강의나 교재를 보고 정해진 양의 문장을 해석하는 공부를 한다.
2. 오늘 공부한 문장에 써 있는 / 표시나 단어 뜻을 지워라. 처음부터 복습용 교재 한 권을 더 준비하거나, 필기가 안 된 부분을 복사해서 준비하면 좋다.
3. 막히더라도 한 문장을 끝까지 스스로 해석해 보고, 매끄럽게 해석되지 않는 부분에 연필로 밑줄을 긋는다.
4. 막혔던 부분만 다시 강의나 해설지를 확인하면서 내용의 **정확성**을 가다듬는다.
5. 전체 문장을 동시통역사가 된 것처럼 **입으로** 재빠르게 해석해 본다. 한 문장당 20초씩 스톱워치로 측정하면서 전체 문장을 해석한다.
6. 스톱워치로 3~4회 시간을 재며 입으로 해석해 보자. 문장당 15초나 13초, 11초, 9초…… 이런 식으로 점점 시간을 단축해 가면서 **속도를 향상**시킨다.
7. 1~6까지의 과정을 다 했다면 오늘 공부한 문장 전체를 시간을 재며 입으로 해석해 보자. (예: 전체 문장 10개 × 문장당 해석 시간 10초 + 여유 시간 20초 = 120초) *문장당 해석 시간과 여유 시간은 조금씩 조절할 수 있다.

처음에는 습관이 돼 있지 않아서 위의 과정들이 번거롭고 어려울 것이다. 하지만 정확성에 유의하고 입으로 소리 내면서 유창성(속도)을 향상시켜 보자. 빠른 사람들은 1~2주, 보통 사람들도

1~2달이면 문장 단위는 술술 읽고 해석할 수 있다. 명심하자. 바른 방법으로 혼공하면 필승이다.

4. 문장장은 진리

영어를 잘하는 국내파의 경우, 보통 자신만의 수첩이 있다고 앞서 언급했다. 나 역시 처음에는 단어를 정리하는 수준이었지만, 영어를 중급 수준으로 끌어올리면서 문장도 정리하기 시작했다. 그리고 문장을 모아 놓은 공책을 '문장장'이라고 불렀다.

사실 정리란 어렵게 생각하면 한없이 어렵다. 모르는 것을 전부 적어야 할 것 같고, 다양한 색상으로 밑줄도 그어야 할 것 같다. 하지만 나처럼 정리 상태가 엉망인 사람도 아주 간단한 영어 표현 '정리'는 가능하더라.

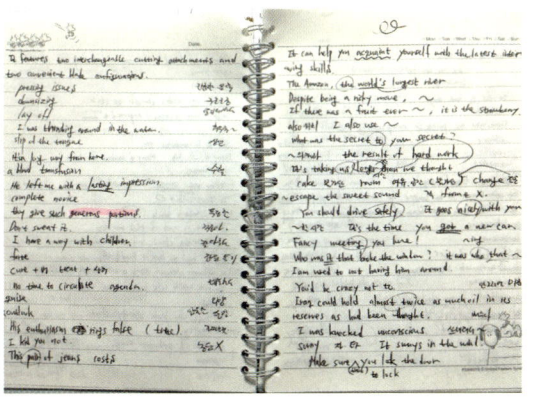

좋은 문장을 보면 수집하는 것이 내 취미! 틈만 나면 외우고 또 외운다.

참고로 나는 대학 때까지도 정리정돈을 잘 안 한다고 엄마에게 혼이 나곤 했다. 이렇게 게으른 나도 성공한 방법이니 자신에게 맞는 방법이라면 오늘 당장 시작해 보라.

문장장은 아래와 같은 특징이 있다.

	시중에 파는 단어장	나만의 단어장	문장장
수준	초급, 시험 입문자	초급 이수자, 중급	중급 이수자, 중상급
제작 노력	없음(구매하면 됨)	하나하나 다 정리해야 함	매력적인 문장만 정리함
학습 범위	단어장만 공부하면 됨	내가 공부하는 교재나 강의 전 범위에서 나온 단어들	내가 공부하는 교재나 강의 전 범위에서 나온 문장들
개인의 특성	반영되지 않음 (아는 단어도 있고, 모르는 단어도 있음)	높게 반영됨 (몰랐던 단어만 정리되어 있기 때문에)	높게 반영됨 (읽기, 쓰기, 말하기까지 목표로 함)
비용	시중 판매 가격	무료	무료
학습 시간	하루 30분, 최소 주 5일	하루 30분, 최소 주 5일	하루 30분, 최소 주 5일
학습 방법	하루 5분씩 6번 읽고 뜻을 3초 안에 떠올리기	하루 5분씩 6번 읽고 뜻을 3초 안에 떠올리기	문장을 보고 우리말로 동시통역, 우리말 뜻을 보고 영어로 말해 보기
권수	1권	얇게 2권 이상	분야에 따라 다름

나는 시중의 단어장을 한 번 공부한 다음, 영어 공부 도중 모르는 단어가 나오면 나만의 단어장(중급)에 정리했다. 그리고 나만의 단어장을 공부하다 보니 절반 이상 눈에 들어오게 되었다. 그 시점에 같은 노트에 문장도 조금씩 섞어서 정리하기 시작(중상급)했다.

그게 문장장의 시작이었다.

학생 때는 수능을 대비한 문장 위주로 공부했고, 대학생 때는 토익, 텝스, 미드와 영자 신문에서 나온 문장들까지 다양하게 담고 공부했다. 결과적으로 회화와 쓰기 등에 큰 도움이 되었다. 그럼 어떤 문장부터 수집해야 하는지 알아볼까?

> 1. 머리로 이해는 되지만, 속도감 있게 입으로 해석이 나오지 않는 문장
> 2. 내 삶에 영감이나 열정을 일깨워 주는 명언
> 3. 내가 영작하거나 말하려면 어려운데 영어로는 아주 쉽게 쓰인 문장

1번의 경우 초급자, 중급자에게 꼭 정리하고 익혀 볼 것을 권한다. 차 뒷자리에 앉아서 앞에서 운전하는 사람에게 운전 못한다고 뭐라 하는 사람들을 보았는가? 그런 사람이 정작 본인은 운전을 못하는 경우도 많다. 영어도 이와 마찬가지로 **머리로 아는 것과 직접 표현하는 것은 완전히 다른 이야기**이다.

언어는 남이 대신 해 주는 것이 아니다. 스스로, 제한된 시간 내에, 즉각적으로 해야 한다. 다시 말해 **즉시성**을 갖추어야 한다. 그렇기 때문에 평소 머리에서 맴도는 말을 영어로 내뱉는 작업을 게을리해서는 안 된다. 그래야 원어민을 만났을 때 '일발 장전'된 상태로 대화에 온전히 집중할 수 있다.

단, 2번의 경우 너무 과도한 목표를 잡지 않았으면 좋겠다. SNS에 올릴 용도로 오바마 연설문을 인용하기보다는, 실제로 살면서

사용할 만한 짧고 '실용적'인 문장을 조금씩 정리해 보자. 훗날 숙달되면 멋진 연설문도 가능할지 모른다. 뭐든지 작게 시작하고 작은 성공을 매일 맛보는 것이 좋다.

영어 공부를 꾸준히 하다 보면 내 입에 재산처럼 늘 쌓여 있는 문장들이 하나둘 생긴다. 허세를 부릴 문장보다는 누구나 충분히 공감할 만한 문장을 많이 쌓아 놓으면 언제 어디서나 사용할 수 있어 든든하다. 턱시도를 입지 않아도, 청바지에 음료 한 잔 하면서 편하게 쓸 수 있는 문장부터 정리해 보자.

You are what you eat. 당신은 당신이 먹는 대로 된다.
(어떤 것을 먹느냐가 그만큼 중요하다.)

You are what you drive. 당신은 당신이 운전하는 차로 판단된다.
(미국 캘리포니아는 늘 날씨가 좋아서 굳이 옷을 사 입는 데 돈을 과도하게 쓰지 않는다. 대신 좋은 차를 사는 데 돈을 쓰기 때문에 이런 표현이 나왔다. 적절하게 잘 쓰면 재미있다.)

You are what you wear. 당신은 당신이 입는 대로 된다.
('옷이 그만큼 중요하다'라는 의미의 문장으로 사람들의 공감을 자아낼 수 있다.)

내 경우 위와 같이 짤막하면서 평소에 직접 쓸 만한 문장 위주로 정리했고, 틈틈이 입으로 소리 내어 연습했다. 결국 많은 문장들이 입에 붙으면서 글로 쓰거나 말을 할 때 큰 도움이 되었다. 문장에서 단어만 바꾸어도 다양한 상황에서 쓸 수 있기 때문에 나중에는 영화나 팝송에 나온 재미있는 표현들도 정리했다.

3번의 경우 한국 사람들이 가장 큰 충격을 받는다. 그도 그럴 것이, 보통 영작을 할 때 우리는 한국말을 100% 영어로 다 옮기려고 한다. 그러다 보면 때때로 어려운 단어를 쓰게 된다. 가령 내가 정말 이상하게 나온 사진을 한 친구가 페이스북에 올렸다고 치자. '그거(사진) 내려'라고 말하고 싶을 것이다. 'Lower it'이라고 하면 될까? 노노. 간단하게 'Take it down'이라고 쓰면 된다. take out 커피를 생각(커피를 가지고 나가니까)한다면 간단하게 이해되는 표현이다. 이와 같이 내 의도를 쉽게 표현한 영어 표현은 꼭 문장장에 정리하고 숙지하자. 중상급 이상의 영어로 가는 지름길이 될 것이다.

허준석의 혼공 TV
'중학 구문', '고등 구문'

중학 수준 구문: 유튜브 '혼공 TV'의 바탕화면을 보면 '필승 커리큘럼'이 있다. '4단계 중학 구문'을 선택한다.

링크를 클릭하면 교안을 다운받을 수 있다. 이후 원하는 강의를 시청하면 된다.

고교 수준 구문: 커리큘럼 6, 7단계를 보자. 고등학교 수준의 구문을 공부할 수 있는 '혼공 직독직해 레벨 1, 2'가 있다.

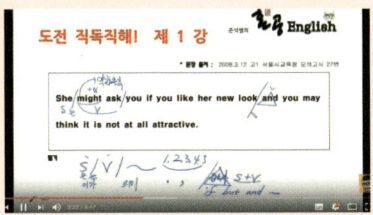

강의는 보통 5~15분으로 무척 짧고, 복습하기 좋다.

읽기

찻집에서 조용한 음악을 들으며 영어 원서를 읽는 모습. 한때 막연히 그리던 내 미래 모습이었다. 하지만 막상 영어를 어느 정도 읽고 해석할 수 있는 수준이 되어도 그런 일은 생기지 않았다. 한글로 쓰인 책도 잘 안 읽는다면 영어로 된 책은 더할 것이다. 그래서 가장 쉽게 접근할 수 있는 방법부터 혼공 비법을 풀어 보고자 한다. 앞서 나온 방법들도 섞여 있으니 머릿속에 큰 그림을 그려 놓으면 좋다.

1단계: 단어 → 문장(구문) → 글

가장 기본은 단어다. 앞에서 설명한 단어 혼공법에 이어 문장 혼공법까지 실천했다면 장문의 글에 도전할 수 있다. 무작정 단어를 많이 외우거나 독해를 많이 한다고 해서 실력이 크게 늘지는 않는다. 반드시 **'단어 → 문장'으로 이어지는 기초**를 튼튼히 한 다음 '글'로 넘어가길 바란다.

그렇다면 어떤 글을 읽어야 할까? 물론 공부 목적에 따라 다르다. 공무원 시험이나 수능을 준비한다면 독해 시험에 나오는 지문을 읽어야 한다. 토익이나 텝스를 준비한다면 기출문제를 참고해서 공부를 해야 한다. 물론 이와 크게 관계없는 원서를 많이 읽고 영어 시험을 잘 보는 경우도 있다. 어릴 때부터 꾸준히 공부해 온 국내파 실력자들이 여기에 해당한다.

여기서는 **일반적인 학습자 수준에서 원서 읽기를 하고 싶은 초급자**들을 대상으로 다음과 같은 책들부터 시작할 것을 권한다. 바로 사기보다는 도서관에서 책을 미리 훑어보고 결정하기 바란다.

☞ 초급자용 추천 도서

1. 로알드 달(Roald Dahl) 전집

특히 《The Magic Finger》와 《The Twits》가 가장 얇은 편이라 추천한다.

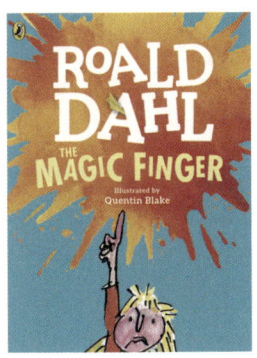 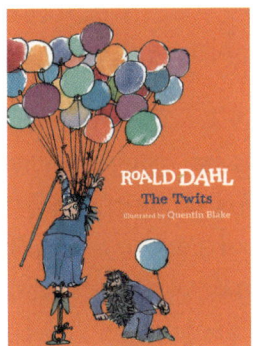

2. 루이스 새커(Louis Sachar)

〈웨이사이드 스쿨〉 시리즈는 무척 엉뚱하고 재미있다. 특이한 학교 이야기를 재미나게 풀어 간다. 《HOLES》는 워낙 유명한 작품이라 《구덩이》라는 제목의 한글 번역본으로도 많이 알려져 있다. 꼭 완독해 볼 것을 추천한다.

 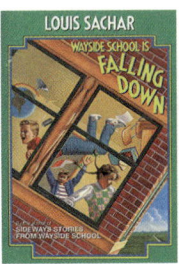 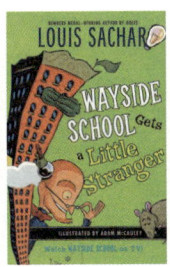 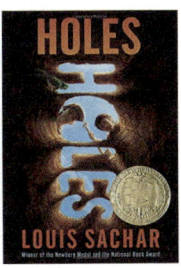

2단계: 한 권을 정독하고 정독하라

처음부터 여러 권의 원서를 사서 다 읽을 수 있을까? 시작점은 낮아야 한다. 심지어 바로 살 필요도 없다. 아래의 방법을 참고하여 딱 한 권이라도 여러 번 곱씹어 보자.

1. 도서관에서 가장 만만한 책을 빌려 **1독 계획을 짠다.** 하루에 2~3쪽 정도 정해서 1달이면 다 읽을 수 있도록 얇은 책부터 시작하자. 스토리에 집중하면서 읽고, 모르는 단어를 따로 사전에서 찾지 않는다.
2. 1독에 성공했다면 그 책을 서점에서 한 권 산다. 2독을 시작한다.
3. 2독할 때 진정한 독서가 시작된다. 모르는 단어나 어려운 문장에 연필로 밑줄을 긋자. 내용이 궁금한 부분에 ? 표시를, 감동을 주는 부분에 ! 표시를 한다. 단어는 여전히 사전에서 찾지 않아도 된다.
4. 내 느낌이나 하고 싶은 말이 떠오를 때는 영어로 된 한 단어나 문장으로 책에 써 본다.
5. 한 챕터를 읽고 나면 정말 궁금했던 단어를 찾아본다. 단어장이나 문장장을 활용해서 어휘나 문장을 정리한다.
6. 한 번 다 읽을 때마다 책 아래에 '바를 정(正)' 자 표시를 한다. 얇은 한 권의 책을 3~4번 읽어 내 손때가 묻도록 한다.
7. 시간이 지나 다시 꺼내서 읽으면 또 느낌이 다르기 때문에 두고두고 읽어 본다. 다른 계절, 다른 시간에 읽어 봐도 좋다.

한 권을 위와 같은 방식으로 3~4번 정도 읽었다면 대성공이다. 이후 이런 방식으로 얇은 책을 2~3권 정도만 더 읽어 보자. 그리고 나면 좀 더 두꺼운 책으로 나아갈 수 있다.

3단계: 좋아하는 분야의 원서 탐독

2단계를 완전히 실천했다면 독서의 잔근육이 제법 생겼을 것이다. 하루에 어느 정도 읽어야 내가 원하는 기간에 다 읽을 수 있을지 대강 계산이 선다. 이제는 **내가 좋아하는 분야의 책**을 찾아 나설 때가 되었다. 이쯤 되면 초급에서 중급 수준의 읽기로 넘어간다고 보면 된다.

나는 한때 재테크에 관심이 있어서 '부자'가 되고 싶다는 생각을 참 많이 했다. 그래서 영어도 공부하고 부자도 되자는 심정으로 관련 분야 전자책을 봤다.

《21 Success Secrets of Self-made Millionaires》(브라이언 트레이시)

《How to Get Rich》(도널드 트럼프)

앞의 두 권을 꼼꼼히 읽고 나니 영어 공부뿐 아니라 내 마음을 잡는 데도 큰 도움이 되었다. 특히 브라이언 트레이시(Brian Tracy)는 내 마음에 큰 돌을 던졌다. 평소 관심 분야 서적을 목표로 하면 영어로 된 원서로도 일석이조의 효과를 누릴 수 있다.

이와 같이 정독을 한 번 해 봤다면 소재가 조금 어려워도 '자신의 관심사'를 다루는 책에 계속해서 도전해 보자. 중간중간 어려운 부분은 밑줄을 치고 '요약'하면서 천천히 읽어 나가자. 하루에 분량을 정해 놓고 짬짬이 읽으면 생각보다 진도가 잘 나간다. 그렇게 한 권의 책을 2~3독 하면 꽤 두꺼운 원서도 정복할 수 있다.

이렇게 하다 보면 단어장과 문장장이 내가 직접 배운 표현들로 가득 차게 된다. 아울러 지식과 영어 실력이 동시에 늘 수 있어 아주 좋다.

4단계: 이동 중엔 오디오북이 진리

"책 읽을 시간이 도통 없어요."

현대인들이 정말로 바쁘긴 하다. 학생은 학생대로, 직장인은 직장인대로 각자의 일정이 있고 때로 중요한 일들이 연이어 생길 때가 있다. 하지만 냉정하게 우리 자신을 들여다보면 마냥 게으름을 피울 때도 많다. 나 역시 한창 시간이 없다고 투덜댈 때 만났던 독서 전문가가 오디오북을 추천했다.

당시 나는 출퇴근 운전 시간만 왕복 2시간 30분이 걸렸다. 스마트폰을 만질 수도 없고, 라디오로 음악을 듣는 정도가 최선이었다. 그래서 지인이 추천한 오디오북 공부법은 딱 내가 하기 적당한 방법이었다. 문제는 책 선정이었다. 새로운 책을 선정하려니 부담스러웠다. 그래서 내가 이미 접했던 브라이언 트레이시의 오디오북을 구했다. 다행히 원서는 오디오북으로도 잘 나와 있었다.

책으로 접한 지 한참 전이라 내용이 가물가물했다. 새로 시작한다는 마음으로 매일 출퇴근 때 듣고 또 들었다. 신기하게도 한 달 정도 지나자 듣기가 점점 수월해졌다. 예전의 기억도 되살아나고, 반복되는 내용은 이미 머릿속에 들어가 있어서 세세한 대목까지 들리기 시작했다.

좋아하는 영화를 5~6번 이상 본 적 있는가? 여러 번 보다 보면 주인공이 입고 있던 옷의 색깔, 엑스트라 등 처음에는 안 보이던 세세한 부분도 보인다. 오디오북의 원리도 마찬가지다. 6개월 동안 같은 것을 수십 번 듣고 나니 내용이 상당히 익숙해졌다. 영어 청취 능력도 올리는 일석이조의 효과가 생겼다.

그러자 신기하게도 다시 종이로 된 책이 보고 싶어졌다. 그렇게 해서 다시 종이로 된 책을 보니 느낌이 완전히 새로웠다. 다 아는 내용이지만 활자 하나하나가 마음속으로 빨려 들어오는 듯한 느낌이 한마디로 감동이었다.

출퇴근이나 등하교 시간을 길이나 차 안에서 보내는 분들에게 오디오북은 아주 좋은 방법인 것 같다.

5단계: 원서의 바다에서 헤엄치기

4단계까지 차례차례 해 보았다면 이제 독서의 잔근육이 온몸에 생겼을 것이다. 이쯤되면 자기가 좋아하는 분야의 책이든 생소한 책이든 계획을 세워서 이것저것 볼 수 있다. 말 그대로 원서의 바다에서 헤엄칠 수 있다.

지인 중 한 명은 원서 읽기의 5단계 수준에 도달해서 100쪽 정도의 원서 한 권을 읽는 데 3~4일밖에 걸리지 않았다. 그분과 영어로 대화해 보면 모르는 내용, 어휘가 거의 없을 정도로 실력이 어마어마했다.

여기까지 잘 따라온 여러분은 이제 어떤 책을 읽어도 자기 것으로 만들 수 있을 것이다. 원서의 바다에 뛰어들어 이것저것 읽어보고, 자신의 노트에 정리하라. 틈틈이 그 노트를 읽고 여러 표현을 내 것으로 만들어라.

마지막으로 꼭 사람들을 만나 책에서 익혔던 표현들을 직접 써 봐라. 그동안 읽은 원서가 내 안에 녹아 있음을 100% 느낄 수 있을 것이다.

오디오북 구매 및 청취 방법

1. 좋아하는 분야나 배우고 싶은 분야의 오디오북을 구매한다.
2. 등하교나 출퇴근 시 배경 음악이라 여기고 가볍게 듣는다.
3. 개인차가 있겠지만 전체적인 맥락이 익숙해질 때까지 1~2개월 정도 반복해 듣는다.
4. 서점에 들러 원서를 확인한다. 책을 넘기면서 지금까지 읽었던 부분을 눈으로 확인한다. 바로 책을 사도 되지만 약간의 아쉬움을 남긴 채로 돌아선다.
5. 대략 3~6개월 후, 책의 내용을 70~90% 정도 이해했다 싶으면 원서를 구매해서 꼼꼼히 읽어 본다.
6. 책을 읽으면서 한 챕터를 마칠 때마다 좋은 문장과 어휘를 나만의 수첩에 정리한다.
7. 필요에 따라 챕터의 내용을 영어로 요약해 보고, 요약한 내용을 원어민에게 첨삭 받을 수 있으면 좋다. 그 내용을 스마트폰 등에 내 목소리로 녹음해서 거울 앞에서 발표하듯이 말해 보면 스피치 실력 향상에도 큰 도움이 된다.

말하기

대부분의 한국 사람들은 영어로 말하는 데 굉장한 어려움을 겪는다. 죄를 지은 것도 아닌데 상대의 눈을 바라보면서 말하기가 부담스럽다. 반면 유럽 쪽 사람들은 자기네 모국어가 아닌데도 쉬운 영어를 아주 맛깔나게 쓰면서 영어 토론까지 한다. 영어 교육 방식 자체가 다르다고 해도 부러운 게 사실이다. 이를 따라잡기 위해 혼공 비법에서는 세세한 부분부터 바로잡아 보고자 한다.

1. 사고 방식의 전환

　문법 비법에서 배운 대로 영어는 관찰자 중심으로 서술하기 때문에 우리말과 어순이 다르다는 점을 다시 한 번 명심하자. 말하는 사람이 있는 곳부터 점점 먼 곳까지를 표현하면 된다.
　이 말은 영어를 모국어로 쓰는 원어민과 한국인의 생각하는 방향도 다르다는 것이다. 이러한 사고 차이를 생각하지 않고 머릿속에 떠오르는 '우리말 표현'을 영어로 '번역'하는 작업을 한 다음 다시 그것을 입 밖으로 내뱉으려고 하면 시간이 너무 오래 걸린다. 그래서 그들의 방식대로 듣고, 말하는 연습을 해야 한다. 우리와 그들의 사고방식은 주소를 표현할 때도 다르게 나타난다.

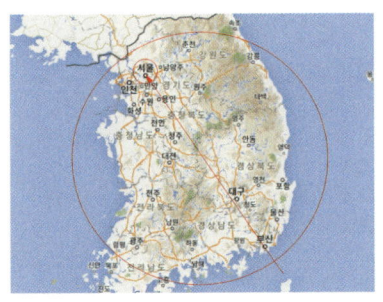

대한민국, 서울특별시 혼공구 혼공동 혼공 아파트 111호

2607 Turner Street, Vancouver, BC, Canada

한국 사람들은 가장 큰 단위부터 시작해서 자신이 사는 111호를 가장 마지막에 표현한다. 즉 자기 자신을 드러내는 데 시간이 오래 걸린다. 반대로 영어권 사람들은 자신이 있는 가장 최소 단위를 먼저 말한 다음 점점 더 큰 단위로 나아간다. 즉 철저하게 관찰자 중심, 사람 중심으로 서술한다. 이 방식은 글이나 말에서 명확하게 드러난다.

가령 자신을 대학생으로 가정해 보자. 오늘 치과 진료가 있어 도저히 수업에 갈 수 없는 상황이다. 부득이하게 교수님께 이메일을 보내려고 한다. 이때도 한국 사람과 영미권 사람의 글에는 큰 차이가 있다.

한국 대학생

제목: 교수님, 안녕하세요?^^

요즘 날씨가 점점 추워집니다, 교수님. 저를 기억하실지 모르겠지만 교수님의 00 수업을 듣는 준석이라고 합니다.
교수님 수업을 들으면서 많은 것을 배우고 있어 늘 감사드리고 있어요. 그런데 다름이 아니라 제가 내일 치과에 꼭 가야 할 사정이 생겼어요. ㅠㅠ
죄송하지만, 양해 부탁드려요. 다녀와서 공부 더 열심히 할게요. 사랑합니다, 교수님!

영미권 대학생

제목: 13일 결석 건에 대해 알려드림
(00반 케빈 학생)

안녕하세요? 교수님의 00 수업을 듣는 케빈입니다. 13일날 제가 치과 진료가 잡혀 있어서 부득이하게 출석할 수 없을 것 같습니다. 과제나 다른 것으로 대체할 수 있다면 알려 주시면 감사하겠습니다. 좋은 하루 되십시오.

위의 두 가지 글을 보니 차이점이 적나라하게 드러난다. 한국에

거주하는 영미권 사람들에게 보여주면 아마 크게 공감할 것이다. 우리 기준에 케빈은 상당히 버릇없어 보일지도 모르지만, 영미권 교수님은 이런 스타일을 선호한다. 심지어 제목만으로도 내용을 파악할 수 있기 때문에 합리적이라고 생각한다.

반면 우리나라 대학생 1학년의 글은 조금 과장된 면이 있긴 하지만 순수하고 전형적인 한국 학생을 떠올리게 한다.

지금까지의 내용을 바탕으로 '영어식 사고'를 정리하면 아래와 같다.

1. 관찰자 중심으로 서술한다. [주어(사람) → 동사(동작) → 물건(대상) → 장소 또는 시간(배경)]
2. 한 주제에 대해서 말할 때도 이 원칙이 적용된다. 핵심부터 서술하고 그 뒤에 나머지 내용(뒷받침 문장)을 덧붙인다.
3. 경제적인 것을 좋아한다.(효율성, 합리성, 반복 회피)

2. 영어에서 가장 많이 쓰이는 문형

보통 영어 문장은 1~5형식, 즉 5가지 종류가 있다. 하지만 통계를 내 보면 '~는+~한다+~을+장소/시간/기타(전치사구)'의 구조를 가진 문장(3동사를 활용한 문장)이 가장 많이 쓰인다고 한다. 앞서 정리한 내용이지만, 다시 한 번 체계적으로 알아보자.

3동사 문형을 자유자재로 만드는 연습만 충분히 해도 아주 다양한 표현을 할 수 있다. 특히 머릿속으로 그림을 그리듯이 연습할 수 있기 때문에 평소에 머릿속으로 간단한 그림을 자주 그리며 영작해 보자.

나는 사과 하나를 내 방에서 먹을 것이다.

다른 문장에서도 충분히 응용이 가능하다.

나는 사과 하나를 내 방에서 먹고 싶다.
나는 사과 하나를 12시 40분에 먹었다.
그는 사과 하나를 월요일마다 먹는다.

I 나는	want to eat 먹고 싶다	an apple 사과 하나를	in my room. 내 방에서
I 나는	ate 먹었다	an apple 사과 하나를	at 12:40. 12시 40분에
He 그는	eats 먹는다	an apple 사과 하나를	on Mondays. 월요일마다
은, 는, 이, 가	~한다	~을, 를	전치사구 (장소, 시간, 기타) ~에서, ~에

재미있는 사실은 우리말 어순을 생각하지 않고 머릿속에 그림만 잘 그려도 어순이 잡힌다는 것이다. 그리고 마지막에 전치사구는 여러 개 붙여도 상관없다. 장소와 시간을 동시에 표현해도 된다. 부사를 덧붙여서 'every day(매일), regularly(규칙적으로)' 등의 표현을 마음껏 붙여도 문장이 된다. 부사는 문장을 풍부하게 만들어 주는 양념 역할을 하니까.

자, 오늘부터 누군가의 행동을 마음껏 그려 보자. 위의 어순만 지켜서 말해도 영미권 원어민들은 잘 알아듣는다. 단, 너무 복잡하거나 추상적인 내용은 잘 적용되지 않으니 쉬운 내용부터 시도하기 바란다. 최대한 단순하게 생각하면서 이미지로 그려 보자.

| 혼공 과제 | 영어의 기본 문형 연습 |

▶ **다음 어순을 우리말 의미에 맞게 배열하시오.**

1. 나는 공원에서 그녀를 만났다.
   (met, I, in the park, her)

   _____

2. 그는 그 프로젝트를 위한 좋은 아이디어가 하나 필요할 것이다.
   (he, a good idea, for the project, will need)

   _____

3. 내 아버지께서는 그 회의에서 그 주제에 대해 이야기할 것이다.
   (will talk about, the topic, at the meeting, my father)

   _____

▶ **나만의 문장을 우리말과 영어로 써 보시오.**

4.
우리말: _____

영어: _____

5.
우리말: _____

영어: _____

정답
1. I / met / her / in the park.
2. He / will need / a good idea / for the project.
3. My father / will talk about / the topic / at the meeting.

3. 정신연령 낮추기

오프라인 스터디를 하면서 참 다양한 영어 학습자들을 만난다. 최근에 만난 여자 분은 캐나다 이민을 진지하게 고려하고 있었다. 그리고 나에게 영어 회화에 대해 물어보셨다. 그래서 앞서 나온 말하기 혼공 비법 1~2단계의 내용을 가르쳐 드렸더니, "헉!" 하며 충격을 받으셨다. 하지만 기쁨은 잠시였다. 법칙을 적용해서 영작을 하려는데 "영화를 보았는데 그 영화가 참 좋았다. 나는 이런 점에서 감명받았다"와 같은 종류의 문장은 영작이 되지 않는다며 안타까워하셨다.

나는 이렇게 말씀 드렸다.

"현재 영어 실력이 원어민 7~8세보다 못할 수도 있어요. 그런데 한국어 실력은 어마무시하잖아요? 그 격차를 인정해야 합니다. 답답하겠지만 영어를 쓰는 순간에는 일곱 살이에요. 알겠쩌여?"

그분은 빵 터지시더니, 이렇게 말씀하셨다.

"아, 그렇죠. 한국어와 영어 실력이 차이가 많이 나죠. 그러면 어떻게 제가 일곱 살이 될 수 있을까요? 머리라도 이렇게 예쁘게 묶어 볼까요?"

하하. 이에 대해서는 아이들이 쓰는 어투를 잘 생각해 보면 좀 더 쉽게 접근할 수 있다.

> 어른: 오늘 본 영화에서는 공룡을 굉장히 실감나게 묘사했어요. 개인적으로 정말 추천해 주고 싶더라고요.
> 아이: 오늘 영화를 봤어요. 공룡들이 진짜처럼 보였어요. 당신이 보길 원해요.

결국 어른이 말하고 싶은 내용을 아이의 표현을 빌리면 다음과 같이 옮길 수 있다.

"I watched a movie today. The dinosaurs looked real. I want you to watch the movie, too."

어떤가? '아, 중학교 1~2학년 영어면 되는구나! 우리는 괜히 '실감나게'를 영어로 검색하고 '추천하다'를 찾으면서 시간을 보냈구나! 아아, 원어민들이 300개 단어로 일상 표현을 거의 다 할 수 있다더니 거짓말은 아니구나!' 이런 생각이 들었기를 바란다.

물론, 고상한 단어들을 쓰면서 살짝 과시하고 싶은 마음도 생길 수 있다. 하지만 7세 아이가 쓰는 단어 수준의 문장을 자유자재로 구사할 수 있어야 말하기의 기초가 잡힌 것이다. 그 기초가 바로 섰을 때 좀 더 세련된 표현, 시사적인 내용 등을 쌓아올릴 수 있는 것이다.

여러분, 부디 냉정히 자신을 판단하고 쉬운 영어로 표현하는 연습을 합시다. 동심으로 가는 길, 영어로 가는 왕도입니다. 혼공!

4. 1:1 번역 습관은 노노

주변에서 쏟아지는 많은 질문에 답하며 지내지만, 그중에도 감당하기 힘든 질문들이 꽤 있다. 문화가 다르고, 한자어 기반으로 된 한국어 단어의 특성상 영어로 1:1 번역이 힘든 경우가 꽤 많기 때문이다.

가령 '수고하세요!'를 영어로 어떻게 표현할 수 있을까? 사실 정확한 답은 없다. 그래서 그 점을 이야기하면 다음과 같은 질문이 돌아온다.

"저기 선생님, 그래도 굳이 가까운 표현으론 뭐가 있을까요?"

애매하지만 굳이 영어로 한번 옮겨 보자면,

"Work hard!" 열심히 일하세요!

이 정도가 될 것 같다. '수고하세요'의 '수고'와 해석상으로는 거의 같은 의미다. 문제는 문화적 차이다. 한국 사회에서는 퇴근하면서 인사차 쓸 수 있는 표현이다. 또는 가게에 들러 물건을 사고 나가면서 쓸 수도 있다. 먼저 가면서 남은 분들의 수고로움에 대한 존중을 표한다고 할까?

그런데 만약 미국의 한 상점에 들렀다 나가면서 "Work hard!"라고 하면 종업원은 어떤 기분일까? 마치 열심히 일하지 않는 자신에게 핀잔을 주는 듯한 느낌을 받을 것이다. 그래서 헤어질 때 가볍게 "Bye" 또는 "See you tomorrow", "Take care"라고 말하는 것이 우리말 "수고하세요"의 뉘앙스에 가깝다.

일전에 '액땜'을 영어로 표현하고 싶어 하는 분도 만났다. 당시 한국말을 잘하는 원어민과 내가 머리를 맞대고 한참을 고심했던 기억이 난다. 결국 영어로 길게 풀어서 설명하는 데 그쳤는데, 우리가 고생한 시간은 둘째 치고 그분의 가려운 등을 시원하게 긁어 주지 못한 것 같아 안타까웠다. 이처럼 우리말과 1:1로 딱 맞는 영어 어휘가 없을 때가 꽤 많은데, 이럴 경우 대부분 좀 더 긴 영어로 풀어서 설명해 줘야 한다.

"이왕 이거 하는 김에를 영어로 어떻게 표현할까요?"

이런 종류의 질문도 흥미롭다. 1:1 번역을 하려면 숨이 막힌다. '이왕', '~김에'를 영어로 어떻게 매치시킬 수 있을까? 막막해서 재미로 '김'을 검색하니 정말 먹는 '김'이 나왔다. 1:1 번역은 이렇게 여러 가지 문제가 있다. 그렇기 때문에 쉬운 우리말로 풀어서 생각한 다음 다시 옮기는 게 좋다.

"Since you're already doing this, ~" 당신이 이것을 이미 하고 있으니까

"While you are at it, ~" 당신이 거기에 가 있는 동안에

동작을 강조하고 싶을 때는 위의 문장을, 장소를 강조하고 싶으면 아래 문장을 사용하면 좋을 것이다. 물론 원어민들마다 풀어 가는 방식이 조금 다를 수 있지만 의미는 충분히 통할 것이다. 영어 표현을 보면 다소 허탈할 수 있겠지만, **완벽하게 1:1 매치가 안 되는 경우가 상당히 많다**는 점을 인정하고 풀어서 설명

해야 한다.

가끔 해외에 나가서 숙소의 TV를 켜면 한국 방송이 나올 때가 있다. 영어 자막이 같이 나오면 번역을 어떻게 했을까 궁금해 주의 깊게 보곤 하는데, 정말 망치로 머리를 한 대 얻어맞은 듯한 충격을 받을 때가 많다. 사극에서 신하들이 왕에게 하는 표현들을 옮겨 와 봤다. 한번 맞혀 보시라.

> 1. 성은이 망극하옵니다, 전하~
> 2. 송구하옵니다, 전하~
> 3. 전하의 천춘절을 맞이하여 만백성이 한마음 한뜻으로 경하드리옵니다.

정답: 1. Thank you, sir. 2. Sorry, sir. 3. Happy birthday to you.

정말 이렇게 나왔을까 싶어 눈이 휘둥그레진 분도 있을 것이다. 하지만 사실이다. 이미 개그 프로그램의 소재로 활용된 적도 있다.

5. 우선순위 50문장

"결국 영어 회화를 어떻게 하면 잘할 수 있나요?"

그렇다. 이 질문이 빠질 수 없다. 앞서 제시한 방법들은 마인드의 전환을 요구하는 것이고, 우리는 원어민 앞에서 떨지 않고 내 입으로 '내 생각'을 말할 수 있는 진짜 영어 공부법이 궁금하다.

이에 대한 나름의 해법을 찾아봤다. 내 영어 실력이 폭발적으로 늘었던 23~24세 시절을 떠올려봤다. 당시 내 가방이나 안주머니 속에는 언제나 영어 문장이 빼곡히 적힌 수첩이 있었다. 나는 틈나는 대로 그 문장들을 소리 내 읽으면서 혀에 '붙였다.' 어마어마하게 많은 문장들이 있었기에 늘 짧게 여러 번 반복하면서 내 것으로 만들었다. 하지만 처음부터 많은 문장을 외우지는 않았다. 뭐든지 시작이 중요하고, 영어 말하기도 가장 처음 외우는 문장이 중요하다. 그렇다면 내가 가장 먼저 정복했던 50개의 문장은 무엇이었을까?

개인마다 우선순위 문장은 조금씩 다르다. 하지만 직업, 성별 등을 막론하고 반드시 알아야 할 필수 표현들이 있다.

> 1. 대화의 뼈대를 구축하는 표현
> 예) '안녕하세요? 제 이름은 OO입니다. 어디에 사세요? 여가 시간에 무엇을 하세요? 직업이 어떻게 되세요? 만나서 즐거웠습니다.'와 같이 일정한 시점이 되면 늘 사용하는 표현

> 2. 시간을 버는 표현
> 예) '음, 글쎄요, 잠깐만요, 이런, 저기요, 제가 하고 싶은 말은, 내가 뜻하는 것은, 당신도 알다시피' 등 말문이 막혔거나, 그런 상황을 방지하기 위한 도구적 표현

수영으로 따지면 강사 없이도 혼자 생존할 수 있게 해 주는 구명조끼 같은 표현들이다. 그래서 실시간 대화에서 나의 생존을 어느 정도 담보해 준다. 이런 '반복되는 표현'들부터 우리말로 수첩에 정리하라. 단 사람마다 거의 공통으로 쓰는 표현이 있는가 하면, 개개인에 따라 선호하는 표현이 조금 다를 수 있다. 따라서 늘 수첩을 가까이 두고 내 문장이다 싶은 것들은 **수집하고 또 수집**해야 한다.

아무리 '오호! 이 표현 유용하겠는데?'라고 생각하더라도 냉정히 봤을 때 일상 속에서 쓸 만한 표현이 아니라면 핵심 50개 문장에 포함시키지 않아야 한다. 초반부터 잘 쓰지 않는 문장을 모으면 학습에 부담감이 생기고, 결국 포기하게 된다.

영어를 잘하는 사람을 직접 만나거나 온라인상에서 질문해도 좋다. 하지만 나는 **서점 투어**를 권장한다. 서점 회화 코너에 가서 2~3권의 회화 책만 넘겨 봐도 평소 우리말로 자주 쓰는 핵심 문장을 발견할 수 있다. 50개 문장 정도는 금방 채울 수 있다.

앞으로 영어 회화의 밑거름이 될 50개 문장을 마련하는 것은 정말 중요하다. 옷으로 따지자면 남들이 정리해 놓은 회화 책은 공장

에서 대량 생산한 옷과 같다. 내가 꼼꼼히 체크하고 정리한 50개의 표현은 치수를 재서 제작한 맞춤 정장이랄까.

언어는 내 생각을 담는 잔이요, 그릇이다. 그동안 무수히 포기했다면 이번 기회에 '나만의 문장 50개'를 꼭 만들어 보아라. 다음의 혼공꿀팁에서 몇 개를 제공하니, 나머지는 스스로 발품 팔아 가장 필요한 문장으로 채워 보길 바란다.

대화의 뼈대를 구축하는 표현

1. 안녕하세요?

    Hello. / Hi.

2. 만나서 반갑습니다.

    Nice to meet you.

3. 저는 ○○○입니다.

    I'm ○○○.

    (My name is ○○○도 있지만 최대한 간편한 것으로 하자.)

* 이름을 잘 못 들었습니다.(I didn't catch your name.)

4. 어디에 사세요?

    Where do you live?

5. 여기에 오시는 데 얼마나 걸렸어요?

    How long did it take to get here?

6. 취미가 어떻게 되세요?

    What do you do in your free(spare) time?

* What is your hobby?라고 묻는 분들이 많은데, hobby는 마치 꼼꼼히 정성들여 우표를 수집하는 것처럼 전문적인 느낌을 주기 때문에 원어민이 잘 쓰지 않는다.

말 그대로 free time(여가 시간)에 무엇을 하냐고 묻는 게 자연스럽다.

7. 직업이 어떻게 되세요?

    What do you do?

    What do you do for a living?

* 역시 What is your job?이라고 잘 묻지 않는다. 경찰서에서 '당신 직업이 뭐요?' 라고 심문하는 느낌을 주기 때문에 조심하도록 하자.

8. 만나서 즐거웠습니다. (이야기해서 즐거웠습니다.)

    Nice meeting you.

    Nice talking with you.

시간을 버는 표현들

1. 음…….
   Um……. (음…….)

2. 글쎄요.
   Well……. (웨-얼)

3. 이런…….
   Gee……. (쥐~~)

4. 저기요.
   Hey. (헤이~)

5. 잠시만요.

   Hold on a second. (호울 돈 어 세껀-ㄷ)

* second를 줄여서 sec(섹)이라고 발음하기도 한다. '잠시만요'를 영어로 떠올리지 못해 'Time!(타임)'이라고 하는 웃지 못할 상황도 가끔 있다.

6. 당신도 알다시피

   As you know (애쥬 노~우)

   예) As you know, I am a nice guy. (아시다시피, 전 멋진 사람입니다.)

7. 내가 뜻하는 것은······.

　　What I mean is······. (와라이 민 이즈)

　　예) What I mean is······, I don't like the movie. (내가 뜻하는 것은······, 나는 그 영화를 좋아하지 않는다는 거예요.)

8. 내가 말하려는 것은······.

　　What I'm trying to say is······. (와라임 츠롸잉 투 세이 이즈)

　　예) What I'm trying to say is······. You need to take a break. (제가 말하려는 바는······. 당신은 휴식이 필요하다는 것이죠.)

6. 혀에 문장 붙이기

50개 문장을 준비했는가? 이제 달달 외우는 연습을 해 보자. 무작정 외우기는 정말 힘들다. 그래서 나 역시 엄청난 시행착오를 경험했다. 그나마 고생 끝에 최적의 방법을 발견했다. 바로 '**상상하며 혀에 붙이는**' 방법이었다. 혀에 붙인다고?

'배고프다고 말하고 싶네.'

"Uh……, I am hungry."

간단하게 말해서, 영어로 말하기는 위와 같이 내가 생각하던 것을 내 입으로 표현하는 것이다. 물론 생각하자마자 바로 영어가 술술 나오면 얼마나 좋을까? 하지만 슬프게도 머릿속 생각이 내 입에서 소리로 나오기까지 시간 차이가 있다. 왜냐하면 우리말로 생각이 떠오르면, 이것을 영어로 번역한 뒤 혀로 말할 준비를 하기 때문이다. 원어민 울렁증이 있다면 준비 시간이 좀 더 길어진다. '내 발음이 맞을까? 문법적으로 잘못되진 않았을까?' 고민하면서 말하려고 하면 이미 원어민은 가고 없다.

원어민이 사라진 다음에야 머릿속에 표현이 떠오르거나, 하고 싶은 말이 입밖으로 나온다면 무슨 의미가 있을까? 생각 자체를 영어로 한다면 가장 좋겠지만, 일반적인 한국인들에게는 쉽지 않다. 그래서 생각하자마자 혀끝에 말하고 싶은 영어 문장이 바로 준비될 수 있도록 평소에 연습을 해야 한다. 방법은 다음과 같다.

1. 3초 내로 동시통역하는 연습을 하라.

50개 문장을 정리했다면, 영어 표현을 가리고 우리말 해석만 보아라. 그런 다음 영어 문장을 떠올려라. 3초 내에 떠오르지 않았다면 영어 표현을 확인하고 입으로 소리 내어 보아라. 이는 단어 학습의 원리와 똑같다. 반사적으로 떠오를 수 있도록 짧게 자주 연습해야 한다. 1~2분의 틈을 내서 2~3개의 문장을 동시통역해 봐라. 그렇게 하루에 10개 정도라도 매일매일 연습하면 아주 좋다.

2. 상상하며 문장에 영혼을 불어넣어라.

우리말 해석을 보면서 다시 영어로 동시통역하는 연습을 자주 하다 보면 10~20개 문장이 자연스럽게 외워진다. 하지만 **외우는 것과 혀에 달라붙는 것에는 큰 차이**가 있다. 신기하게도 원어민 앞에 가면 외웠던 문장 중 30%도 못 쓰는 경우가 빈번하기 때문이다. 정말 답답한 노릇이지만 나 역시 많이 겪었던 현상이다. 왜 그럴까? 아래 문장에서 '나'의 말을 유심히 보자.

원어민: What is your name?
나: My name is Junseok.
원어민: You are handsome.
나: Thank you.

위에서 '나'의 표현들은 너무 쉽다는 생각이 들 수 있다. 만만한 문장이라 생각하겠지만, 바로 그것이다. '크게 생각하지 않고' 입으로 바로 툭 튀어나오는 표현이 혀에 '붙은' 표현이다. 앞서 영단어 학습법에서도 언급했듯이 'school'처럼 만만한 단어도 있지만, 'anticipate'처럼 좀 더 생각해야 뜻이 나오는 단어들이 있지 않았던가? 말하기에도 이 원리가 적용된다.

자주 쓰면서 표현을 혀에 붙일 수도 있지만, 사실 그 상황을 직접 경험하는 것이 가장 좋다. 문제는 원어민을 매일 만날 수 없다는 것이다. 잠시 과거 내 경험을 돌이켜보고자 한다.

대학교 4학년 때 통역 아르바이트를 할 때였다. 108명의 원어민들이 첫날부터 같은 질문을 연달아 했다.

"여기 식당이 어디에 있어요?"
"기숙사는 몇 층에 있어요?"
"학생회관은 어디에 있어요?"
"매점은 어디에 있어요?"

뭐, 한국에 온 지 얼마 안 되는 원어민들이 비슷한 질문을 하는 것은 당연했다. 처음에는 답변하는 데 시간이 좀 걸렸다. 땀을 뻘뻘 흘리면서 손짓, 발짓 동원해 가며 대답했다. 하지만 30~40명째 같은 질문에 대답할 때는 완전히 달랐다. 질문 자체가 귀에 아주 선명하게 들리고, 대답도 유창해졌다. 나중에는 다가오는 사람만 봐도, "매점 찾아요?"라고 먼저 말하는 경지가 되었다.

이처럼 상황을 자주 접해 보는 것이 사실 문장을 입에 붙이는 최고의 방법이다. 문제는 원어민이 줄을 지어 나에게 다가올 상황이 없다는 것이다. 영어를 가르치는 나도 평소에 영어 쓸 일이 많이 없는데 학생이나 직장인들은 오죽할까 싶다. **그래서 상상을 많이 해 봐야 한다.**

하루에 입에 붙이기로 한 문장이 있으면, 눈을 감고 원어민이 나에게 말을 건네는 상황을 그려 보자. 그리고는 입으로 신속하게 대답해 보자. 신기하게도 그냥 읽을 때와 달리 말을 더듬게 된다. 실수가 2~3번 반복되면 망연자실하고 만다.

당황하지 말고 상상 속 원어민의 눈을 쳐다보면서 3초 안에 자연스럽게 대답할 수 있을 때까지 연습해 보자. 한 문장을 연습하는 데 1~2분도 걸리지 않는다. 지금까지 영어를 공부하던 방식만 바꿔도 진땀이 나면서 제대로 공부가 될 것이다.

영어 말하기가 벌어지는 상황은 **라이브 콘서트**와 같다. 기계적으로 문장을 외우는 것 이외에도 **생동감을 불어넣는 작업**을 해야 한다. 특히 인터넷 강의로만 회화를 배운 사람들은 위의 작업, 즉 상상하면서 한 문장씩 혀에 붙이는 작업을 꼭 해 줘야 한다. 그렇지 않으면 잔잔한 수영장 물에서 수영하다가 갑자기 파도치는 바닷물에서 수영하는 격이 될 것이다.

내가 원하는 방향으로 몸이 안 나가고, 파도가 넘실거리면 물을 연거푸 마시게 된다. 수영이 안 되서 당황하고 바닷물의 짠맛에 또 당황한다. 바다 수영과 마찬가지로 '실전 말하기'를 위해, 평소 상상하는 습관을 들여 50문장 정도는 입에 꼭 붙여 두자. 훗날 원어민 앞에서 당황하지 않는 내 모습을 발견하면 뛸 듯이 기쁠 것이다.

자, 이제 원어민이 어려운 질문을 했다고 가정해 보자. 빨갛게 달아오른 내 얼굴을 그리며 다음과 같이 말해 보자.

"Hmm……. Hold on a second." 음……. 잠깐만요.

그럴 때 이 표현이 진정으로 내 것이 된다.

7. 말하기 확장: 패턴 회화

필수패턴 001

I'll go get ~. 내가 ~를 가지고 올게요.

I'll go get your car. 내가 가서 당신의 차를 가지고 올게요.
I'll go get you a cup of coffee. 내가 가서 당신에게 커피 한 잔을 가지고 올게요.
I'll go get one for you. 내가 가서 당신을 위해 하나 가지고 올게요.
I'll go get something to write on. 내가 가서 쓸 (종이) 것을 가지고 올게요.
I'll go get something to drink. 내가 가서 마실 것 좀 가지고 올게요.

* 단어나 표현만 바꿔서 다양한 의미를 전달할 수 있도록 하는 골격 표현을 '패턴 영어'라고 한다.

엄청나게 많은 왕초보 학습자들이 '말하기 패턴' 학습을 선호한다. 하나의 표현만 알아도 응용이 가능하기 때문에 실용적이다. 나 역시 패턴 표현이 무척 효율적이라 생각한다. 문제는 지루하다는 것이다. 또 생각보다 순발력이 떨어진다.

원어민을 만나서 공부했던 패턴을 떠올리려고 생각하는 사이 원어민은 내게서 멀어져 간다. 한참이 지나서야 '그 패턴을 쓸걸' 하고 후회하거나, 남들이 쓰는 패턴을 들으며 '나도 저 표현 아는데, 왜 나는 저 쉬운 게 안 나오지?'라고 생각한다.

그래서 패턴 회화를 말하기의 후반부에 집어넣었다. 개인적으로 생존 문장 50개를 입에 붙인 다음 패턴 학습으로 넘어가는 순서를 권장한다. 왕초보들이 무슨 여유가 있어서 원어민의 말을 '이해'하고, '잠시 기다려 달라'고 배짱 있게 말하며 자신이 배운 패턴을 응용하겠는가? 나 역시 왕초보 시절 무턱대고 외국인들만 있는 파티에 갔다가 큰 충격을 받은 적이 있다. 그 뒤로 원어민 울렁증도 생겼었다.

그래서 내가 생각하는 말하기 학습의 순서는 다음과 같다. **'내가 생존할 정도의 기본 문장을 장착한 다음, 그 위에 내가 정말 쓸 패턴 표현들을 쌓아올린다.'**

물론 이 패턴 영어 표현을 공부하다 보면 50개 문장과 겹치는 것들도 나온다. 그런 것에 개의치 말고 내가 쓸 만한 표현인지만 판단해서 문장장에 옮겨 연습하면 된다.

핵심 패턴에 나온 예문을 모두 입으로 연습하는 것도 좋지만, 그중 내가 쓸 만한 예문만 하나 정해서 수첩에 정리하자. 만약 예문이 마음에 들지 않는다면 부정(not), 사람, 시간, 장소 등의 내용을 바꾸거나 추가해서 정말로 내가 쓸 문장을 만든 뒤 수첩에 정리하는 방법이 좋다. **오직 내가 쓸 문장 위주로 수첩을 채우는 것**이 아주 중요하다. 가령 'I'm gonna'라는 국민 패턴으로 만들 수 있는 표현 중 내게 필요한 문장은 무엇일까?

1. 패턴 원형
I'm gonna(I'm going to): 나는 ~할 것이다(=나 ~할 거야.)
예) I'm gonna leave. (떠날 거예요.)
   I'm gonna meet. (만날 거예요.)
   I'm gonna call. (전화할 거예요.)

2. + 사람(대상)
예) I'm gonna leave you. (당신을 떠날 거예요.)
   I'm gonna meet him. (그를 만날 거예요.)
   I'm gonna call you. (당신에게 전화할 거예요.)

3. + 시간
예) I'm gonna leave you tomorrow. (내일 당신을 떠날 거예요.)
   I'm gonna meet him tonight. (오늘 밤 그를 만날 거예요.)
   I'm gonna call you later. (나중에 당신에게 전화할 거예요.)

4. + 부정(not)
예) I'm not gonna leave you tomorrow. (내일 당신을 떠나지 않을 거예요.)
   I'm not gonna meet him tonight. (오늘 밤 그를 만나지 않을 거예요.)
   I'm not gonna call you later. (나중에 당신에게 전화하지 않을 거예요.)

위와 같이 여러 문장을 만들거나 머릿속에 떠올려 보자. 그런 다음 실제로 나에게 정말 필요한 표현을 떠올려 보자. 'I'm gonna call you later(나중에 당신에게 전화할 거예요)'와 같은 문장은 정말 쓰임이 많을 것이다. 이런 문장은 바로 수첩으로 직행이다!

패턴을 무작정 연습하기보다는 이런 식으로 그중 옥석을 가리는 방법이 매우 효과적이다. 다 가지려 하지 말고 필요한 것만 정확히, 빠른 속도로 말할 수 있는 것! 그 능력이 말하기에서 정말 필요하다는 사실을 꼭 명심하자.

패턴 공부를 하다가 나온 예문을 내가 생활 속에서 모두 쓴다는 보장은 없다. 특히 기본 패턴을 공부했다면 내가 잘 쓰는 '사람, 시간' 표현을 넣어 문장을 만들고 틈틈이 연습하여 입에 붙여 놔야 한다.

내가 주로 여자에 대해 이야기한다면 'him' 대신 'her'를 넣어 연습하자. 주로 주말에 관한 이야기를 한다면 시간 개념에 'this weekend(이번 주말)'와 같은 덩어리 표현을 붙여 문장 연습을 틈틈이 하자. **자주 쓰는 표현이 입에 붙어야 여유가 생기고 자신감이 붙는다.** 자신감이 붙으면, 영어 공부가 재미있어진다.

8. 주제별 영어: 중급 영어로 도약하라

1~7단계까지 소개한 말하기 혼공 비법을 실천했거나 초급 패턴 회화를 익혔다면, 이제 여러분은 원어민을 만나도 간단한 대화를 이어 나가고 마무리 지을 수 있다. 문제는 **대화의 지구력이 짧다**는 점이다. 내가 잘 아는 주제가 나오면 대화를 이어 나가지만, 낯선 주제가 나오면 숨이 찬다. 얼른 다른 주제로 넘어가고 싶고, 이 자리를 벗어나고만 싶다. 나 역시 모임 중 자리를 피한 경우만 해도 열 손가락으로 다 셀 수가 없다.

말하기의 지구력을 키우기 위해서 필요한 것은 무엇일까? 바로 **주제에 대한 적응력**이다. 어떤 주제가 나와도 적절한 어휘를 쓰면서 대화할 수 있는 능력인데, 주제별로 적어도 3~4문장은 알아야 유연하게 대화를 이끌어 나갈 수 있다. 아래의 틀을 활용하면 경험에 대해 비교적 자연스럽게 이야기할 수 있다.

1. 경험 요약(1문장)
2. 경험에 대한 설명(1~2문장)
3. 자신의 느낌(1문장)

예)
1. 나는 어제 영화 〈마스터〉를 보았습니다.
2. 큰돈을 얻으려는 한 사기꾼에 대한 영화였습니다. 영화는 두 시간 이상이나 이어졌습니다.
3. 강동원이 잘생겨서 영화가 아주 마음에 들었습니다.

영화를 예로 들었지만 굉장히 많은 소재에 응용할 수 있다.

운동, 산책, 집안일, 병원, 서점, 다이어트, 독서, 콘서트, 여행 등

1. 오늘 아침에 설거지를 했습니다. (경험 요약)
2. 접시가 많아서 30분 동안 했습니다. 실수로 접시 하나를 깼습니다. (설명)
3. 아끼는 것이라 슬펐습니다. (느낌)

이 3단계의 틀을 잘 활용하면 시간을 바꾸어서 응용할 수 있다. 현재 시제를 쓰면 '습관'에 대한 이야기를 할 수 있고, 미래 시제를 쓰면 '계획' 등을 나타낼 수 있다. 한번 적용해 보자.

〈현재 시제 활용〉

1. 나는 보통 일요일에 설거지를 합니다. (경험 요약)
2. 주중에는 설거지를 잘 하지 않습니다. 설거지를 하는 동안 보통 음악을 듣습니다. (설명)
3. 설거지를 끝내고 나면 기분이 상쾌합니다. (느낌)

〈미래 시제 활용〉

1. 나는 내일 설거지를 할 것입니다. (경험 요약)
2. 오늘은 일단 쉴 것입니다. 영화도 보고 친구를 만날 것입니다. (설명)
3. 내일이 되면 (설거지가 밀려 있어서) 후회할지도 모릅니다. (느낌)

자, 어떤가? 시간을 바꿔도 꽤 근사한 문장들이 나오지 않는가? 이런 식으로 주제별, 시간별로 4개 문장씩 평소 수첩에 옮겨 놓고 연습하자. 물론 자신이 생기면 더 많은 문장을 붙일 수도 있고, 일기 형식으로 쓰기 연습을 해도 좋다. 하지만 일단 **작은 습관을 만들 때까지 목표치를 낮추는 것**이 바람직하다. 그리고 이야기하기 좋은 주제를 떠올린 다음 틈날 때마다 4개 문장씩 쉬운 우리말로 옮기고, 영어 문장으로 만들어 두자. 영작 연습도 되고 결국 말하기로 연결이 된다. 이제 정리한 문장들을 어떻게 연습할 수 있는지 두 가지 방법을 알아보자.

첫째, **영어 문장을 읽는 내 목소리를 스마트폰에 녹음**해 보자. 보통 처음 듣는 자신의 목소리는 큰 이질감을 불러일으킨다.

'이게 진정 내 목소리인가?'

하지만 이보다 좋은 방법은 없다. 자신을 멋진 성우라고 생각하고 **은밀하게** 아무도 안 볼 때 **녹음하고**, 출퇴근이나 등하교 때 **위대하게 듣고 다녀라.**

　처음에는 민망해서 듣기 힘들겠지만, 문장이 점점 내 혀에 붙으면서 감정 표현도 적절히 할 수 있을 것이다. 원어민이 눈앞에 있다고 상상하면서 내 목소리를 듣고 따라 해 봐도 좋다. 언어 공부는 언제 어디서나 도화지에 그림을 그리듯 자유롭게 할 수 있다.

　둘째, 가끔씩 **거울 앞에 서라**. 거울 속 자신을 외국인이라 생각하고 주제별 4개 문장을 쉬지 않고 말해 봐라. 중요한 것은 거울 속 자신과 눈을 똑바로 마주쳐야 한다는 점이다. 한국 사람들은 외국인과 눈을 똑바로 마주치기를 무척 힘들어한다. 그렇기 때문에 평소에 눈을 맞추는 연습을 많이 해야 한다.

　마지막으로, 4개 문장씩 말할 수 있는 주제가 **10개 정도 되면 아래처럼 연습해 보자.**

1. 10개의 주제를 종이에 따로 적은 뒤 접어 둔다.
2. 2개의 주제를 무작위로 뽑는다.
3. 스톱워치로 1분 정도 재면서 거울 속 나에게 8개 문장을 말해 본다.
4. 하루에 10분 정도 시간을 내서 무작위로 뽑은 주제를 꾸준히 연습하며 순발력을 키운다.

위와 같이 연습한다면 엄청난 발전이 있을 것이다. 특히 영어로 1분 이상 쉬지 않고 혼자 말할 수 있으면 상급으로 가는 초석을 쌓은 것이다. 그리고 혼자 공부할 수 있는 '혼공'의 길을 갈 수 있게 된 것이다. 내가 부족한 부분을 체크하고 채울 수 있게 되니 얼마나 즐거울까?

> **주제별 영어 말하기: 흐름도**
> ① 주제별 경험 영작(과거 4문장) - ② 주제별 경험 영작(현재 4문장) - ③ 주제별 경험 영작(미래 4문장) - ④ 녹음해서 반복 연습 - ⑤ 거울 앞에서 눈을 맞추고 낭독 연습(4문장) - ⑥ 주제 10개 총 40문장 외우기 - ⑦ 1분 영어 말하기 도전(무작위 2개 주제 관련 문장 낭독하기)

9. 상급 회화로 도약하라: 미드

영어 공부하는 데 미드만 한 것이 없다고 한다. 한국에서 영어를 공부하는 입장에서 크게 동의한다. 가장 자연스러운 영어와 중독성 있는 스토리를 접하는 매력적인 방법이다. 하지만 무엇부터, 어떻게 학습해야 할지 알기는 어렵다. 그래서 다음의 혼공법을 제시한다.

> 1. 내 회화를 도와줄 만한 소재의 미드를 선정하라.
> 2. 배역 중 내 역할 모델을 찾아서 그 사람의 모든 것을 카피하라.
> 3. 자막을 잘 활용해서 리스닝과 스피킹을 동시에 잡아라.
> 4. 원어민들이 쓰는 슬랭, 이디엄에 관심을 가지고 이해하라.
> 5. 문법적으로 너무 분석하려 하지 마라.

나는 〈Prison Break(프리즌 브레이크)〉, 〈Hawaii Five-O(하와이 파이브-오)〉, 〈Lost(로스트)〉, 〈How I Met Your Mother(내가 그녀를 만났을 때)〉, 〈Friends(프렌즈)〉 등을 즐겨 보았다. 또 청소년을 주제로 한 〈Saved by the Bell(베이사이드 얄개들)〉도 재밌게 보았다. 하지만 영어 향상에 가장 도움이 됐던 건 〈How I Met Your Mother〉였다. 일상생활을 많이 다루고 있고, 평소 내가 쓸 법한 표현들이 많이 나온다.

물론 총격전이나 추격전 등이 많이 나오면 재미는 있다. 하지만 내가 차를 뺏고 총을 들면서 추격전을 펼칠 일은 없지 않은가? 결국 장기적으로 정말 있을 법한 이야기를 다루는 미드가 도움이 된다는 이야기다.

한때 나는 〈Prison Break〉의 열렬한 팬이었다. 그리고 그 미드를 뽀개려고(완전히 정복한다는 뜻) 일주일 동안 40편의 에피소드를 쉴 틈 없이 정주행(binge watching)했다. 그리고 나를 주인공 석호필에 빙의시켰다. 목소리도 따라 하고 특정 장면에서의 대사까지 달달 외웠다. 그런데 실제 영어 학습에는 크게 도움이 되지 않았다.

왜일까?

일단 배경 자체가 감옥이고, 거기를 탈옥하려는 것이 주된 이야기이기 때문에 설정 자체가 평범한 일상 속의 나와 맞지 않았다. 게다가 거친 표현들도 꽤 많이 나온다. 가령 "꺼져"라는 말이 아래처럼 줄줄 나왔다.

"Take a walk."
"Beat it."
"Roll."

〈Prison Break〉를 다 본 뒤, 마침 미국에 갈 일이 생겼다.
"내 영어를 쓸 환상의 타이밍이군!"
하지만 홈스테이 주인은 〈Prison Break〉를 몰랐다. 그래서 대화의 연결 고리가 없었고, "Roll" 같은 표현은 알아듣지도 못했다. 밖에 나가서 만난 원어민들도 상황은 비슷했다. 사실 우리가 살면서 원어민한테 꺼지라고 말할 상황이 얼마나 있겠는가? 어두운 골목을 걷다가 그 반대 상황을 겪을 수는 있겠지만. 다시 한 번 말하지만 미드는 선정이 아주 중요하다.

실생활에서 쓰는 표현이나 소재를 에피소드로 다뤘다면 금상첨화다. 사실 나는 〈Friends〉 시리즈를 그렇게 좋아하지는 않는다. 캐릭터 자체의 색깔이 워낙 강해서 영어 표현을 이해하기 전에 극 상황에 몰입해 버리기 일쑤다. 그래서 굳이 영어 표현 자체를 이해하지 않더라도 흐름 자체를 즐기게 된다. 또 자기들끼리 지어낸 유행어가 꽤 많다. 원어민들이 보편적으로 쓰지 않는 표현들도 꽤 많다 보니 〈Friends〉를 잘 모르는 원어민과 대화할 때는 안 통하는 표현들이 꽤 많다.

결론적으로 같은 프렌즈 물이지만 좀 더 발전된 〈How I Met Your Mother(HIMYM)〉나 일상 대화가 많은 〈Gilmore Girls(길모어 걸스)〉를 추천한다. 일상생활의 다양한 소재를 두루 다루고 있고, 대화가 많기 때문이다.

미드는 유튜브 등을 이용해 충분히 찾을 수 있다. 우선 1~2개의 에피소드를 보고 내 취향인지 확인해 보자. 내 경우 취향에 맞는 미드나 영화는 DVD로 구매해서 두고두고 보는 편이다.

만약 미드를 정했다면, 한국어와 영어 자막이 다 있는 DVD나

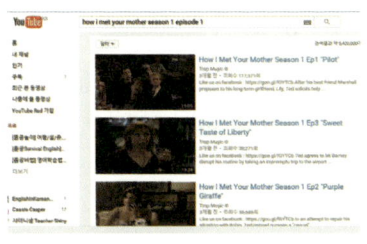

유튜브에서 〈How I Met Your Mother〉만 검색해도 자동으로 'episode 1'이 뜬다. 일단 한 편만 봐도 내 취향인지 파악할 수 있다. 이 드라마는 에피소드당 19분 정도라서 딱 좋다.

우하단의 옵션을 클릭하면 자막을 볼 수 있다. 영어는 비교적 정확한 편이지만, 우리말 번역은 제공되지 않는 경우도 많다.

파일을 구한 다음의 아래 요령을 지키면서 시청해 보자. 자막 활용에 대한 간단한 팁이 있으니 찬찬히 읽어 보면 도움이 될 것이다.

1. 자막 없이 하나의 에피소드를 2~3회 시청한다. (전반적인 스토리 이해)
2. 영어 자막을 켜고 시청하면서 놓쳤거나 이해가 안 되는 표현들을 정리한다.
3. 우리말 자막을 보면서 2번에서 정리한 표현들의 우리말 뜻을 옮겨 적는다.
4. 자막 없이 해당 에피소드를 2~3회 더 시청한다. (영어로 내용 완전 숙달)
5. 마음에 드는 배역을 하나 정해서 특정 장면이 나올 때 직접 그 대사를 따라 해 본다. (배역에 몰입)
6. 한 에피소드에서 내 역할을 완전히 소화할 때까지 10회 이상 시청한다. (미드와 내가 하나될 때까지)
7. 1~6의 과정을 마치면 다음 에피소드로 넘어간다.

위의 과정을 거쳐 차근차근 하나의 에피소드를 뽀갠 다음 넘어가는 것이 중요하다. 진도에 너무 연연하지 말자. 하나의 배역을 상당 부분 소화할 수 있을 정도의 수준이 된다면 금상첨화다.

위의 방법대로 하나의 에피소드를 완벽히 익히는 데 한 달이 걸려도 관계없다. 시간이 좀 걸려도 실력이 어마어마하게 늘었음을 느낄 것이다. '**진도**'보다는 '**정도**'를 택해야 한다.

혼공꿀팁 9

추천: 영어 말하기 Youtube 채널

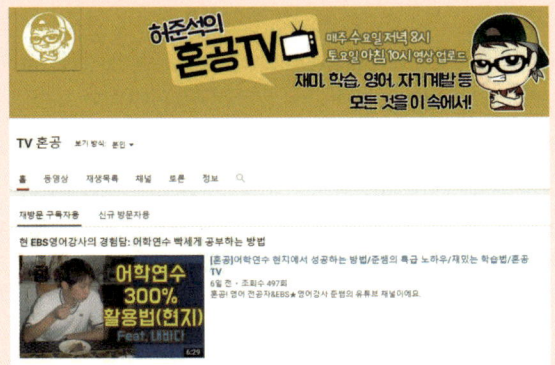

혼공TV
준쌤이 운영하는 채널. 원어민 내바다 선생님과 함께 생활영어를 꾸준히 올리며 라이브로 소통하고 있다. 350여 개의 강의가 있다.

내바다 선생님의 영어를 들으면서 리스닝을 향상시킬 수 있고, 준쌤의 친절하고 재미있는 설명으로 쉽게 이해할 수 있다.

English in Korean
마이클 엘리엇 선생님이 운영하는 채널. 한국어 설명과 함께 다양한 표현을 굉장히 깊이 있게 가르쳐 주며, 라이브 스트리밍도 자주 하면서 소통한다.

fromJUDYJY
쥬디 선생님이 운영하는 채널로 '주문하기' 시리즈가 유명하다. 실제로 커피숍이나 식당에 들어가서 종업원들이 하는 말을 녹화해 보여 주기 때문에 아주 유용하다.

SOPHIE BAN
소피 선생님이 운영하는 채널. 현지에서 아이를 키우며 틈틈이 영어 관련 영상을 올려 준다. 살아 있는 생생한 영어 표현을 많이 제공한다.

발음

영어 발음은 내 자존심이었다. 전자오락의 성우 목소리를 따라 하면서 유소년 시절부터 튼튼히 기초를 잡아 놓았다. 특히 나의 번데기(θ) 발음은 학창 시절 영어 선생님과 친구들의 찬사를 받아 왔다. 하지만 이 자존심은 어학연수 시절 다국적 친구들에 의해 무참히 짓밟혔다.

내가 다니던 캐나다 학원에서는 매주 금요일마다 한 주간 배웠던 내용을 복습하는 시험이 있었다. 필기시험에는 배운 내용이 그대로 나왔다. 그래서 한국에서 수년간 암기식 교육을 받아 왔던 내게는 그렇게 쉬울 수가 없었다. 문제는 그 이후 치러지는 1:1 구술 시험이었다.

선생님의 질문에 영어로 답을 하고, 주어진 문장을 읽어 보는 등 요즘으로 치면 수행평가에 가까운 시험이었다. 질문 역시 그 주에 배운 내용을 기반으로 한 것들이라 답하기가 어렵지 않았다. 그렇게 첫 시험을 나름대로 잘 치르고 결과를 기다렸다.

결과는 다음 주 월요일에 바로 나왔다. 일단 필기 점수는 거의 만점이었다. 옆에 있던 이란 친구와 멕시코 친구들은 못 믿겠다는 표정이었다.

그런데 순간, 내 미간이 일그러졌다.

'어? 이게 뭐지?'

내 발음 점수가 100점 만점에 61점이었던 것이다. 다른 점수는 다 95점 이상인데 내 자존심인 발음이 70점도 안 되다니! 도저히 내 눈을 믿을 수 없었다. 나는 멕시코 친구의 성적표를 보았다.

'발음 95점.'

두둥. 도저히 용납이 되지 않았다. 내가 생각했던 멕시코 친구의 영어 발음은 정말 형편없었기 때문이다.

"아 띵끄아…… 윤 이즈 에…… 그뤠이뜨 뻘슨."
I think…… Jun is a…… great person.

멕시코 친구들은 J 발음을 Y로 했으며, 틈만 나면 '에…'라는 소리를 달고 다녔다. 스테이크는 '에스떼이끄'라고 발음하는 식이었다. 그 친구가 하는 말은 정말 이해하기 어려웠다. 그래서 평소 그 친구의 영어 발음은 내 기준으로 50점도 되지 않았다.

문제는 캐나다 선생님은 그 친구의 말을 아주 잘 알아들었다는 것이다. 그 친구가 말할 때 연신 고개를 끄덕거리면서 이해한다는 제스처를 취했다. 당시에는 그러려니 했다. 하지만 점수를 보니 상황은 너무나 분명해졌다. 그 친구의 발음이 내 발음보다 더 분명하고 명확하다는 뜻. 충격은 여기서 끝나지 않았다.

맥도날드를 '마그도나르도'라 발음하여 내 귀를 경악하게 했던 일본 친구 유카리 상. 그녀의 수줍은 미소를 비집고 성적표를 보았다. 나보다는 당연히 못 받았겠지?

'발음 60점.'

두두둥. 정말 엉망이라 여겼던 그녀의 느릿느릿하고 부정확한 발음 역시 내 점수와 별반 차이가 나지 않았다. 이게 무슨 조화일까? 내 귀가 잘못됐나? 나 영어 전공자인데! 영어 음성학도 공부하고 어학연수를 왔는데 이 무슨 망신인가? 도대체 뭐가 문제일까?

그 주는 나에게 크나큰 충격을 안겨 주었다. 견디다 못해 나는 결국 학원 선생님에게 찾아가서 그 이유를 물어보았다. 의외로 선생님의 답은 무척 간단했다.

"Hmm……. Choppy." 끊어져요.

아! 내 부분 발음 자체는 좋은데 문장 단위로 들었을 때는 끊어져서 들린다는 것이었다.

"아.버.지. 가방.에. 들.어.가.신.다."

이처럼 들렸을 것이라 생각하니 이해가 되었다. 내친 김에 멕시코 친구는 점수가 왜 높냐고 물었다.

"아브지가 방에 들어가싱다."

설명을 요약하자면 이 정도 느낌이라고 했다. 부분부분 아주 미세하게 발음이 부정확하기는 해도, 연속해서 들었을 때는 굉장히 자연스럽게 들린다는 뜻이다. 에라, 모르겠다. 이렇게 된 마당에 이번에는 일본인 친구와 나를 비교해 달라고 했더니 자기 귀에는 별반 차이가 없다고 했다. 아, 내가 그동안 너무 자만한 채 살아왔구나. 그 즉시 나는 홈스테이 가족들에게 이 사실을 알리고 발음 교정을 시작했다.

한국 발음의 틀을 깨기 위해 4개월 정도 무척 노력했다. 그 결과는 효과 만점이었다. 불과 6개월도 안 걸려 발음 점수는 98점 정도까지 올라갔고, 많은 캐나다 사람들이 내 영어를 듣고 아주 오래 외국 생활을 한 한국계 캐나디언 같다고 했다. 야호! 내가 했던 발음 교정법은 다음과 같다.

1. 모음 강화 훈련

한국 사람들은 대부분 '아, 에, 이, 오, 우' 같은 모음에 크게 신경을 쓰지 않는다. 하지만 이 부분에 신경 쓰면 발음이 아주 자연스럽게 들리는 효과가 있다. 따라서 이제부터라도 신경 써서 다듬어야 할 부분이다.

특히 처음에는 **최대한 오버해서 길게 발음하는 연습**을 해야 한다. 그래야 실전에서 평소 연습한 것의 60~70% 정도가 겨우 나온다. 아래 표현을 매일 아침 일어나서, 그리고 자기 전에 각각 1회씩 하루 총 2회 연습해 보자.

1. Whyyyyyyy? Whyyyyyyy? Whyyyyyyy? Whyyyyyyy?
   (와~~~~이~~~)

2. Pan pan pan pan
   (페에~~~~ㄴ느)

3. Yellow yellow yellow yellow
   (옐로~우~~~)

4. It's hot! It's hot! It's hot! It's hot!
   (이츠 하~~~~~~~ㅌ)

5. Bow wow! Bow wow! Bow wow! Bow wow!
   (바~~~~우 와~~~~~우)

6. Okay! Okay! Okay! Okay!
   (오~우 케~이)

7. Ohh-ah Ohh-ah Ohh-ah Ohh-ah
   (우~~~~~와~~~)

8. Eat it ate at
   (이이~트) (잇) (에잇) (애애~트)

2. 박자 맞추기 연습

영어는 우리말과 달리 박자 중심의 언어다. 래퍼들이 박자를 쪼개 가며 영어 가사를 전달하는 것을 들어 보면 예술이다. 하지만 한국어는 성격이 다르기 때문에, 우리말 하듯이 영어를 접근하면 잘 들리지 않고 말하기도 무척 힘들다. 아래의 4개 문장을 1단계부터 4단계까지 직접 소리 내서 말해 보자. 단, 1단계부터 4단계의 문장을 같은 시간 내에 말해야 한다. 각각의 문장을 박수 '세 번'에 맞추어 읽어 보자.

	👏	👏	👏
L1	cat	eat	fish
L2	The cat	eat	the fish
L3	The cat	may eat	the fish
L4	The cat	may have eaten	the fish

크게 어려운 단어는 없었을 것이다. cat, eat, fish 세 단어가 핵심이 되는 3박자 중심의 문장이다. 원어민은 이 문장들을 모두 같은 시간 내에 발음할 수 있다. 아마 2단계까지는 아주 쉬웠을 것이고, 3단계부터 '이게 뭐지?' 싶다가 4단계에서 'may have'를 보고 짜증이 났을 것이다.

문제는 발음을 할 수 있어야 제대로 들을 수 있다는 것이다. 그리고 제대로 들을 수 있으면 제대로 따라 말할 수 있게 된다. 즉 듣고 말하는 것은 서로 연결되어 있기 때문에 둘 중 하나라도 제대로 시작해야 한다. 4단계의 may have는 '메야'나 '메이햅' 정도로 발음하면 eaten을 공략할 수 있다.

"더 캣 메이햅 이튼 더 피쉬."
"더 캣 메야 이튼 더 피쉬."

물론 문제가 있다. 모든 영어 문장이 3박자로 이루어져 있지 않다는 점이다. 하지만 분명한 사실이 있다. 원어민들도 **강조하고 싶은 단어를 길고 세게 발음하고, 나머지 단어는 상대적으로 약하고 빠르게 발음하고 넘어간다는 것**이다.

이 사실을 모른 채 모든 단어를 또박또박 발음하려는 게 우리들의 모습이었다. 또 원어민은 모든 단어를 또박또박 발음할 거라 생각해 일일이 알아들으려고 했었기에 리스닝이 많이 힘들었을 것이다. 이제 내용을 전달하는 데 핵심이 되는 '내용어(Content word)'에 집중해 발음하는 습관을 갖도록 하자.

'a, the, to' 등과 같이 내용상 크게 중요하지 않은 기능어들은 약하고 빠르게 발음하고, 빠지면 내용에 지장이 오는 내용어(주로 동사나 명사)를 강조하는 것부터 시작해 보자.

3. 강세 확인하기

영어 단어에는 바른 강세가 있다. 어디에 힘을 실어 발음하느냐에 따라 원어민이 이해할 수도 있고 전혀 이해하지 못할 수도 있다. 물론 영국 영어와 미국 영어 사이에 약간 차이가 나는 단어(예: laboratory)들이 있긴 하다. 그 점은 제외하고 이야기해 보겠다.

한번은 새로 배운 어려운 단어 'Extravagant'를 원어민 친구에게 무척 써 보고 싶었다. 단어를 잘 보면 앞에 'Extra'가 있다. 그래서 '**엑**-스트라-버건트'라고 멋있게 발음했다. 그런데 웬걸? 그 친구는 전혀 알아듣지 못했다.

대략 난감해서 "알면서 괜히 그러지?"라고 했더니 정말 못 알아들었다는 것이다. 순간 등줄기에 식은땀이 났다. 한참 뒤에 그 친구가 '엑스트**뤠**-버건트'라고 정정해 주었고, 방 안에는 정적이 감돌았다.

이뿐만이 아니다. 영화 이야기를 하다가 영화배우 '레오나르도 디카프리오'를 발음하는데 못 알아들어서 난감한 적도 있다. 어쩔 수 없이 몸으로 영화 〈타이타닉〉 속 장면을 재현해 보여 친구들을 웃게 만들었고, 그중 한 명이 이렇게 말했다.

"오! 리오낼도 디캡**뤼**~오"

뒤통수를 한 대 맞은 느낌이었다. 강세가 이렇게 중요하구나! 그 뒤로 새로 배우는 단어는 반드시 검색해서 원어민 발음을 듣고 따라 해 보았다. 강세를 제대로 모르는 상태에서 혼자 책을 읽을 때는 크게 문제가 되지 않는다. 하지만 말할 때 상대방이 알아듣지 못하기 때문에 치명적임을 다시 한 번 깨달은 순간이었다. 꼭 원어민 발음을 듣고 2~3번 소리 내서 발음해 보자. 강세까지 익혀야 그 단어를 완전히 내 것으로 만들 수 있다.

4. 고무줄 활용하기

강세가 있는 부분에서 고무 밴드를 최대한 늘리는 연습을 해 보자. 아주 효과적이다.

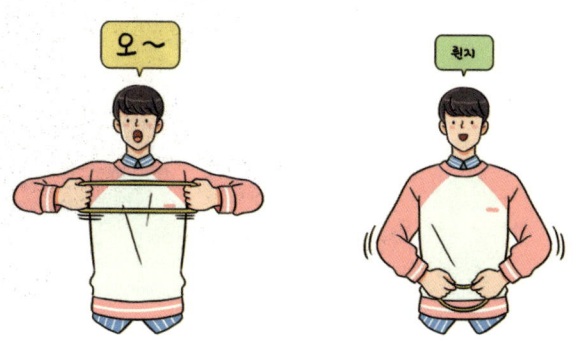

가령 'orange'라는 단어를 처음 배웠다고 해 보자. 'O'에 강세가 들어가기 때문에, '오'를 최대한 크고 길게 발음한다. 그때 고무줄도 같이 최대한 당긴다. 이 방법을 통해 강세와 모음 연습을 동시에 할 수 있다. 다음 혼공꿀팁에 나오는 단어들을 보면서 한번 연습해 보자.

알아 두면 좋은 단어 강세

1음절 강세

ar–my	dan–ger–rous
au–to	com–pa–ny
ba–by	in–flu–ence
den–tist	cer–e–mon–y
plas–tic	lit–er–a–ture
win–dow	san–i–tar–y
ac–ci–dent	tem–po–rar–y
av–e–nue	sec–re–tar–y
cit–i–zen	

2음절 강세

cam–paign	lo–ca–tion
gui–tar	me–chan–ic
de–sign	ad–ven–ture
per–haps	in–sur–ance
in–stead	e–mer–gen–cy
an–tique	ex–per–i–ence
sus–pi–cious	se–cur–i–ty
de–pos–it	

3음절 강세

dis–a–ppoint	con–ver–sa–tion
en–ter–tain	ed–u–ca–tion
in–tro–duce	grad–u–a–tion
per–so–nnel	in–for–ma–tion
en–gi–neer	ob–ser–va–tion
re–cog–ni–tion	

긴 단어의 강세

al–pha–bet–i–cal	au–to–bi–o–graph–ic
re–frig–er–a–tor	en–cy–clo–pe–di–a
e–lec–tric–i–ty	re–spon–si–bil–i–ty

듣기

　듣기는 학창 시절부터 나의 발목을 잡는 무시무시한 존재였다. 원어민들 사이에서 뒷목을 뻣뻣하게 만들었고, 늘 긴장하게 했다. 토익 공부를 할 때도 보통 한국 사람들은 초반에 듣기 점수가 더 잘 나오는 경우가 많다. 하지만 내 경우는 반대여서 마지막까지 참 힘들었다.

　그런데 아이러니하게도 최근까지 나는 EBS에서 듣기 강사를 2년 이상 했다. '잘 못하는 것'을 전공한다고 푸념하는 전공자들의 심정이랄까. 다행히도 그만큼 초급자들의 고충을 잘 알기에 강의에서 이를 잘 녹여낼 수 있었다. 거꾸로 원어민들은 한국 사람들에게 어떤 단어나 표현이 잘 안 들리는지 모르는 경우가 대부분이다. 그렇기 때문에 국내파의 입장에서 '듣기 혼공 비법'을 나열해 보고자 한다.

1. 흘려듣기

많은 사람들이 이미 하고 있는 방법이다. 출퇴근, 등하교 시간을 이용해 영어를 듣는 것이다. 주변의 백색소음 때문에 100% 집중할 수는 없지만, 이 방법은 영어가 들리는 '환경'과 비슷하므로 유용하다. 시끄러워서 잘 안 들린다고 스트레스 받지 말고, 군데군데 들리는 정보의 조각을 이어서 '대략 이렇겠구나'라고 생각하면서 들어도 좋다.

흘려듣기를 하는 이유는 '영어로 된 정보에 익숙해지기, 깨끗하게 녹음된 MP3 파일이 아닌 실생활 듣기에 대비하기, 영어의 리듬감을 지속시키기' 등이다. 즉 흘려듣기를 통해 듣기 실력이 일취월장하지는 않겠지만 장기적 측면에서는 도움이 된다. 흘려들을 때는 큰 부담 없이 '내가 미국에 와 있다'는 마음가짐 정도만 가지고, 가끔씩 잘 들리는 부분은 작은 목소리로 따라 말해 보도록 하자.

2. 집중해서 듣기

흘려듣기의 반대 개념이다. 같은 내용도 자기 전 침대나 책상에서 들을 때는 소음이 거의 없다. 깨끗한 원어민의 목소리를 들으며 최대한 집중할 수 있다. 자기 전뿐만 아니라 실내 어디든 집중해서 들을 수 있는 여건이 된다면 꼭 실천해 보자.

집중해서 들을 때는 흘려듣기와 달리 세세한 내용까지 듣고 이해하려 노력해야 한다. 막힌다고 바로 스크립트를 보지 말자. 다 들은 다음 스크립트를 넘겨 가며 내가 이해하지 못했던 부분, 잘 안 들렸던 부분을 형광펜으로 표시한다. 그 부분을 원어민 소리에 맞춰 들어 보고 따라서 말해 보면 된다.

특히 발음 비법에서 강조했듯이 원어민이 포인트를 살리는 '강조 단어(내용어)'에 밑줄을 긋고 같은 리듬으로 읽어 보려고 노력해야 한다. 따라 말하는 그 순간 나는 내가 아니다. 내 안의 마이클과 존을 꺼내야 한다.

3. 받아쓰기

받아쓰기는 많은 사람들이 애용하는 방식이다. 손맛이 있기 때문에 공부하는 느낌을 준다. 하지만 초급자의 경우 학습 시간이 어마어마하다는 치명적 단점이 있다. 그래서 나는 듣기 강의를 해 왔음에도 불구하고 아래와 같이 말하는 사람들에게 전적으로 동의하지는 않는다.

'듣기 별거 없어. 단어 많이 외우고, 받아쓰기 많이 한 다음 문제 많이 풀면 끝이지!'

이 말에 오늘도 수많은 사람들은 '그래, 결국 많이 외우고 듣고 써 보는 게 진리군' 하고 생각할 것이다. 다시 한 번 말하지만, 공부는 시간 대비 효율성이 있어야 한다. 그래서 받아쓰기도 원칙을 정하면 좋다.

1. 받아쓰기를 하고 그 결과를 확인하는 데 가급적 30분을 넘기지 마라.
2. 초급자는 교재 등에 있는 빈칸 채우기 형식의 받아쓰기를 해라.
3. 중급 이상은 그날 공부한 내용 중 어려웠던 문장 5~6개를 통으로 받아쓰기 하면 좋다.
4. 전치사 'a, the' 등에 너무 신경 쓰지 말고, 명사와 동사를 잘 잡았는지 체크하라. 기능어들은 원래 잘 안 들린다.
5. 여러 번 들어도 안 들리는 것은 과감히 포기하고, 스크립트를 보면서 원어민의 목소리를 따라 말해 봐라.
6. 받아쓰기에서 드러난 내 약점 부분은 '집중해서 듣기'를 할 때 보완하라.
7. 미드를 활용하려는 경우, 처음에는 하루에 미드 1분 분량만 받아쓰기 해도 충분하다. 익숙해지면 1분씩 추가해서 연습하라. 충분히 중상급 실력으로 도약할 수 있다.

4. 팝송

"영어 공부의 큰 동기."

팝송으로 영어 듣기를 정복했다는 사람들의 이야기를 과거에 이따금 들은 적이 있다. 하지만 개인적으로 그 사람들이 팝송만으로 영어를 정복했다고 생각하지는 않는다. 단, 팝송이 영어 공부를 오랫동안 할 수 있도록 이끌어 준 수단이었다는 것은 확실하다. 그럼에도 가사의 내용이 부적절할 때도 있고, 발성이나 창법 때문에 발음이 다소 과장되는 경우도 있기 때문에 "팝송만 많이 들으면 영어 듣기 잘돼요?"라는 질문은 사실 위험하다.

어떤 팝송이 마음에 들었다면 그 노래를 검색해 보자. 19금 표시가 뜬다면 가사 자체로 영어 공부를 하기에 적절하지 않다는 의미다. 노래는 정말 좋은데, 알고 보니 가사 내용이 바람피우는 상황인 샘 스미스(Sam Smith)의 〈I'm not the only one〉 같은 경우도

검색을 통해 곡에 대한 정보를 미리 얻을 수 있다.

있다. 따라서 공부를 위해 팝송을 사용할 거라면 사전 조사를 해야 한다.

팝송을 하나 선택했다면 그 노래는 외우는 게 좋다. 여러 팝송을 두루두루 듣는 것도 좋지만, 언어적으로 도움이 되려면 하나라도 제대로 내 혀에 붙어 있어야 한다.

좋은 팝송은 몇 개 통째로 외울 정도로 숙지해 놓으면 좋다. 나는 랩을 2~3개 외웠는데 중간중간 안 좋은 표현도 있지만, 일상생활 중에 정말 요긴하게 사용되곤 했다.

팝송 활용법

1. 좋은 팝송은 미리 검색해서 19금 여부를 확인하라. 학습용인지 단순 감상용인지 결정할 수 있다.
2. 여러 팝송을 다양하게 듣는 것도 좋지만, 좋은 곡 몇 개는 숙지하라.
3. 가사의 전체적인 의미를 받아들이려 노력하되, 문법적으로 너무 분석하지 마라.
4. 듣기에 도움이 되기 위해서는 공부 중인 토익이나 미드의 내용을 많이 들어라. 그사이에 휴식을 취할 때는 팝송을 들으면서 영어의 리듬을 귀에 익혀라.

🎤 Count on me

Bruno Mars

If you ever find yourself stuck in the middle of the sea,
I'll sail the world to find you
If you ever find yourself lost in the dark and you can't see,
I'll be the light to guide you

Find out what we're made of
When we are called to help our friends in need

You can count on me like 1 2 3
I'll be there
And I know when I need it I can count on you like 4 3 2
And you'll be there
Cause that's what friends are supposed to do, oh yeah

쓰기

무작정 좋은 문장을 많이 외운다고 쓰기가 늘지는 않는다. 내게도 쓰기는 외국인으로서 늘 쉽지 않았다. 대학 때도 영어 작문 시간이면 늘 지루했다. 사실 자신에게 맞는 단계를 밟아 나가면서 차근차근 실력을 늘리는 게 가장 바람직한데 일반 학습자들이 쓰기를 시작하기란 쉽지 않다. 일단 가장 기초적 내용인 혼공 말하기 비법의 '1. 사고 방식의 전환'과 '2. 영어에서 가장 많이 쓰이는 문형'을 참고하라. 그러면 쓰기에 대한 두려움을 줄이는 데 조금 도움이 될 것이다. 물론 아주 초보적인 영작이겠지만 시작할 수 있다는 게 중요하다.

1. 영어 교과서 활용 쓰기

자신의 읽기 수준보다 2~3단계 낮은 수준의 교과서를 활용하자. 간단하게 중학교 1학년 교과서부터 활용하면 좋다. 매 단원마다 읽기 활동을 위한 본문이 있는데, 본문을 먼저 읽고 우리말 해석을 연습장에 적어 보자. 자신의 읽기 수준보다 쉽기 때문에 정확하게 해석이 될 것이다.

1. 한 문장을 소리 내어서 읽거나 마음속으로 읽는다.

2. 문장 단위로 우리말 해석을 써 본다. 애매한 부분은 반드시 다시 짚고 넘어간다.

머리로는 알겠지만 해석이 애매할 경우에는 밑줄을 치자. 인터넷 검색을 하거나 서점에 가서 자습서를 참고하면 금세 정확한 해석을 알 수 있다.

이제 A4 용지를 한 장 준비하자. 영어 본문을 왼쪽에 두고 A4 용지에 한글 해석을 적어 본다. 그다음 영어 본문을 덮어라. 이제 A4 용지의 한글 해석만 보고 영작을 할 차례이다. 15~20분 정도 시간을 정해 놓고 최대한 영작을 해 본다. 이때 주의할 것은 정확성보다 속도다. 최대한 생각나는 대로 빨리 적은 다음 시간이 남으면 어색한 부분을 고친다.

이제 내가 쓴 영어 문장을 교과서 문장들과 비교해 본다. 틀리거나 다른 부분을 파란색 펜으로 표시한다. 내 문장이 어떤 해석

3. 15~20분 동안 내가 작성했던 우리말을 영어로 옮겨본다.

4. 틀린 부분을 파란색 펜으로 표시한 다음 전체적으로 확인한다.

에 취약한지 한눈에 들어온다. 취약한 부분에 신경 쓰면서 본문을 2~3번 낭독해 보고 연습장을 덮으면 1단계는 끝이다.

1~2일 뒤 다시 A4 용지를 한 장 준비한다. 똑같은 요령으로 한글 문장을 영어로 옮긴다. 기억이 다소 가물가물하겠지만 며칠 전보다는 많이 나아졌을 것이다. 같은 방식으로 파란색 펜을 활용해서 다른 부분을 표시하고 본문을 재차 큰 소리로 읽는다. 이런 방식으로 1~2번 더 해서 본문을 90% 이상 정확하게 영어로 옮길 수 있으면 다음 단원으로 넘어간다.

사실 위와 같은 방식으로 중학교 본문 수준을 영작할 수 있으면 쓰기와 말하기에 큰 도움이 된다. 기회가 된다면 고등학교 교과서로도 하면 좋다.

교과서를 이용한 영작법을 꼭 활용해 보기 바란다. 지인 중 한 명은 중학생 때 이 방법으로 영어 실력을 어마어마하게 늘렸고 현재 영어 분야에서 맹활약 중이다.

2. 영어 일기 쓰기

대학생 때 과제로 주어졌으나 제대로 하지 않았던 방법이다. 당연히 효과도 미미했다. 하루를 대충대충 살던 시절이었기에 쓸거리도 없었고 귀찮아서 제대로 쓰지도 않았다. 정말 내 자신을 성찰했던 시기는 어학연수 때였다. 6개월 동안 매주 빼먹지 않고 영어 일기를 썼다. 왜 갑자기 달라졌을까?

　일단 정신적으로 너무 힘들었기 때문이다. 하루하루 영어 실력이 늘지 않는 데 대한 조급증, 영어를 들었을 때 이해가 잘되지 않는 데서 오는 긴장감 등 고민이 참 많았다. 그런 소소한 이야기를 글로 적었다. 말로 하는 것보다 덜 긴장되었기 때문이다. 그래서 원어민이 없는 안전한(?) 내 방에서 충분한 시간을 두고 글로 표현하곤 했다.

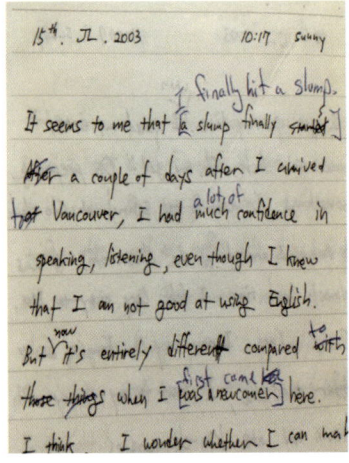

'슬럼프에 빠지다=hit a slump'라는 표현을 배울 수 있었다. 이처럼 틀리는 걸 두려워하지 않고 꾸준히 일기를 쓰다 보면 얻는 것이 많다. 물론 첨삭해 줄 사람이 있을 때 효과가 극대화된다.

내 일기를 첨삭해 주는 사람이 있다면, 소견도 함께 적어 달라고 하자. 내가 커피가 비싸다고 써 놓은 부분에 파란색 볼펜으로 "I know! Coffee shops are expensive!"라고 맞장구쳐 주었다. 이런 반응에 기분이 좋아 일기를 더 열심히 쓰게 되었다.

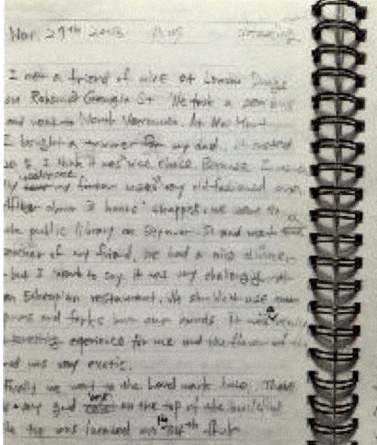

6개월 정도 지나자 이제는 두 바닥을 너끈히 쓸 정도가 되었다. 말로만 수다쟁이가 아니라 글로도 수다쟁이가 되었다. 물론 틀리는 것을 두려워하지 않아야 했다.

일기를 꾸준히 쓸 수 있었던 혼공 비법은 아래와 같다.

1. 처음 한 달 동안은 일주일에 한 편만 쓴다. 여기서 한 편은 3~4줄(혼공 10: 말하기 – 8. 주제별 영어 참고) 정도면 충분하다. 시작점이 낮아야 습관으로 만들 수 있다.
2. 반드시 첨삭해 줄 사람을 찾아야 한다. 꼭 원어민이 아니더라도 나보다 훨씬 영어 실력이 좋은 사람에게 부탁하면 된다.
3. 원어민의 경우 문법적으로 잘못된 부분과 일기에 대한 소감을 짧게 적어 달라고 하면 좋다. 비원어민인 경우 눈에 띄는 문법적 오류만 체크하고 역시 소감을 짧게 적어 달라고 하면 좋다.
4. 지적받은 부분은 반드시 다음 일기를 쓸 때 재차 써 보면서 내 것으로 만든다. 그렇지 않으면 잘못된 표현이 굳어져서 화석화(fossilization)되어 버린다.
5. 숙달되면 주 2~3회 정도로 늘린다. 주 5회를 쓸 수도 있겠지만 개인적 경험에 의하면 3회 정도가 최대치였다.

3. 소셜 미디어 활용

현재 내가 가장 즐겨 쓰는 방법이다. 페이스북(Facebook) 등의 소셜 미디어(Social Media)에서는 외국 친구들을 사귀기가 어렵지 않다. 그리고 외국에 나갈 일이 생기면 반드시 현지에서 사귄 친구와 페이스북 친구를 맺고 온다. 귀국 이후 그 친구들의 일상이 적힌 영어 문장을 읽기도 하고, 재미있는 일상에는 댓글을 남기면서 영어와의 끈을 이어 갈 수 있기 때문이다.

과거에 메일을 주고받던 시절도 있었지만, 요즘에는 이런 소셜 미디어가 발달해 있어 즉각적으로 채팅 및 화상 채팅도 가능하다.

내 절친인 아만다(Amanda Hernandez). 한국에서 원어민 교사 생활을 했으며 현재는 결혼해 텍사스 샌안토니오(San Antonio)에서 살고 있다. 내가 없었더라면 지금의 남편과 결혼하기 힘들었거나 훨씬 더 늦춰졌을 것이다. 하하!

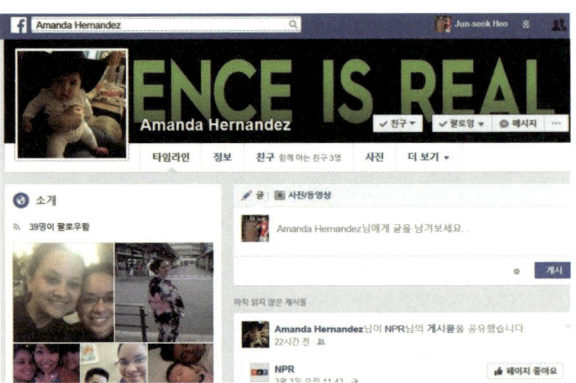

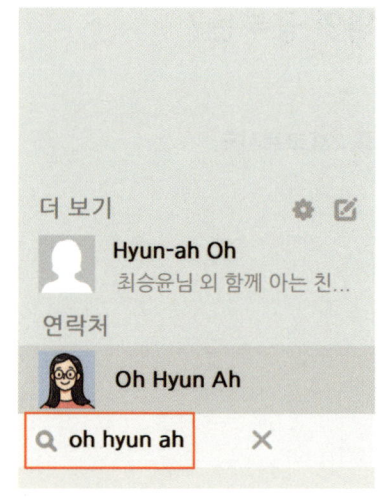

친구 추가를 한 다음 연락 가능한 친구를 검색할 수 있다.

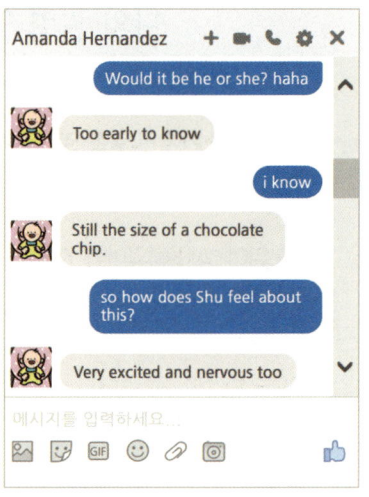

채팅을 주고받으면서 소식을 묻고, 자연스레 영어도 사용할 수 있다.

　이처럼 꼭 눈앞에 원어민이 있지 않더라도, 친구를 사귀고 간단한 소통은 할 수 있다. 그리고 과거 외국인 친구와 펜팔하던 시절보다 더 빨리, 많은 친구를 사귈 수 있다. 물론 아날로그 감성은 약간 흐려지겠지만 이 같은 소통 창구를 활용하면 과거에는 불가능했던 다양한 관계를 맺을 수 있다.

나와 관련 있는 영어 공부는?

✓ **현재 나에게 가장 절실한 영어 공부 목표를 2개 고르시오.**

① 영어 회화(해외여행 영어)
② 영어 회화(교양 생활 회화)
③ 내신 영어
④ 수능 영어
⑤ 편입 영어
⑥ 공무원 영어
⑦ 어학 시험(TOEIC, TEPS, TOEFL, IELTS 등)

아주 세세하게 구분되어 있어 놀란 분도 있을 것이다.
하지만 영어 공부는 당장 내 피부에 와닿는 것이 좋다.
또 앞으로 계속 공부할 수 있도록 장치를 만들어야 한다.
그렇지 않으면 작심삼일로 그치고 말 것이다.
그래서 자신의 목적에 맞는 혼공 영어 학습법을 짧게 구성해 보았다.

세상에 무수히 많은 방법들이 있지만,
바로 시작할 수 있는 간단한 방법들이니 참고하면 좋겠다.

해외여행 영어

혼공 TIP1 - 여행 가기 전

무턱대고 두꺼운 여행 책자를 사기보다는 도서관 등에 들러 2~3권을 빌려 보자. 책을 편 다음 이번에 계획 중인 여행을 마음속에 그려 본다. 여행에서 생길 수 있는 **문제 상황**을 생각해 본 다음 그에 관계된 표현들만 따로 수첩에 적어 두자. 해외에서는 문제가 생겼을 때 그 상황을 해결할 수 있는 표현이 큰 도움이 된다.

혼공 TIP2 - 현지에서의 마음가짐

여행 영어는 의사 전달을 정확하게 하는 것이 중요하다. 듣기가 힘들면 메모로 의사를 전달하거나, 할 말을 **핵심 동사나 명사 위주**로만 전달하는 게 좋다. 애매한 것은 메모나 제스처 등을 써 가면서 다시 한 번 확인해야 오해로 인한 손실을 줄일 수 있다.

내가 아는 어떤 이는 기차표를 예약할 때 냉방과 쿠션이 있는 좌석을 표현하기가 어려워 다음과 같이 했다고 한다.

"(딱딱한 의자를 가리키며) 음……, This……No!"
"(바람 나오는 시늉을 하며) Oh……, Cool! Ok!"

그러자 직원은 하얀 치아를 드러내 보이며 기분 좋게 표를 끊어 주었다. 조금 극단적인 예이긴 하지만, 이처럼 생각보다 간단히 해결될 수 있으니 마음을 내려놓자.

혼공 TIP3 - 핵심 단어로 소통하라

완벽한 문장을 술술 구사하는 모습은 참으로 멋스럽다. 하지만 현실은 만만치 않다. 해외에서 외국인을 고려하지 않은 속사포 영어를 간신히 이해했다 하더라도 문장으로 말을 이어 가기가 너무 어렵다. 커피 한 잔을 주문하는 데도 심호흡을 해야 한다. 그래서 핵심 단어로 뼈대를 잡아 소통하기를 권한다. 해외여행을 왔다고 가정하고, 다음의 문장들을 **영어로** 어떻게 전달할지 생각해 보자.

☞ 뉴욕의 스타벅스에서
저는 톨 사이즈로 아메리카노 한 잔 주문하고 싶어요. 아, 샷 추가도 하고 싶네요.

☞ LA의 식당에서
어, 계산서에 실수가 있네요. 이건 돈을 많이 청구하셨네요.

☞ 정답: 뉴욕의 스타벅스에서
"I'd like to get a tall Americano. Oh, I'd like to add an extra shot of espresso."
저는 톨 사이즈로 아메리카노 한 잔 주문하고 싶어요. 아, 샷 추가도 하고 싶네요.

☞ 정답: LA의 식당에서
"Oh, there is a mistake in the bill. You overcharged this."
어, 계산서에 실수가 있네요. 이건 돈을 많이 청구하셨네요.

하지만 실제 상황에서 위와 같이 완벽한 문장으로 말하기란 쉽지 않다. 그래서 평소에 문장을 외우는 것도 좋지만, 핵심어(동사, 명사)에 밑줄을 긋고 기억하는 방법이 효과적이다. 실제 상황에서는 긴장도 되고 주변에 다른 사람들이 많이 있다면 문장 자체를 침착하게 다 말하기가 어렵기 때문이다. 그래서 때로는 **동사와 명사, 또는 핵심 숫자 위주**로 전달하는 게 어설프게 유창한 영어를 구사하는 것보다 명쾌하다. 앞에서 핵심 단어만 뽑아서 전달하면 아래와 같다.

> "A tall Americano. Extra shot, please" 아메리카노 톨 사이즈요. 샷 추가입니다.
>
> "Mistake, Bill. Overcharge!" 계산서 실수요. 과도 청구했어요.

이렇게 말해도 다 알아듣는다. 처음부터 완전한 문장을 말하기보다는 짧지만 소통에 성공하는 짜릿함의 순간을 늘려 가는 것부터 출발하자. 작은 성공이 쌓이다 보면 여유가 생기고 제스처도 사용하는 선순환의 경험이 계속된다. 기억하라! 해외여행 가서는 돈을 쓰는 그대가 갑이라는 것을! 물론 지나친 갑질은 '어글리 코리안(Ugly Korean)'이라는 소리를 듣게 할 수 있으니 주의하자.

혼공꿀팁 12

내 손안의 번역 앱

1. 파파고

스마트폰 앱스토어에서 파파고를 검색한 뒤 설치한다.

상당히 완성도 있는 수준의 번역 결과를 얻을 수 있다. 간접 의문문에 조금 취약하지만, 간단한 회화는 정교한 번역을 자랑한다. 아래의 스피커 표시를 클릭하면 소리도 나오기 때문에, 영어권 국가에서 관광할 때 요긴하게 쓰일 수 있다.

2. 지니톡

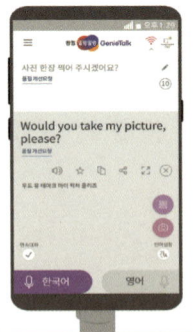

2018년 평창동계올림픽 공식 소프트웨어로 선정되었다. 파파고와 마찬가지로 텍스트, 음성, 이미지 내 문자 인식 번역이 가능하고 시끄러운 장소에서도 사용할 수 있다.

정말 요긴한 여행 영어 표현

1. 비행기 내

의자를 뒤로 젖혀도 될까요? Can I recline my seat?
(의자에 있는) 스크린이 작동하지 않아요. The screen is not working.

2. 입국 심사

관광하러 왔습니다. For sightseeing.
출장 왔습니다. For business.
휴가 보내러 왔습니다. For vacation.
공부(유학)하러 왔습니다. For studying.

3. 교통수단

맨해튼까지 시간이 얼마나 걸려요?
How long does it take to get to Manhattan?

4. 호텔

체크인을 일찍 할 수 있을까요? Can I check in early?
짐을 맡아 줄 수 있나요? Can you hold my luggage?
근처 좋은 식당을 추천해 주실 수 있나요?
Can you recommend a good restaurant around here?
히터가 제대로 작동하지 않아요. The heater is not working properly.

와이파이가 있나요?	Do you have Wifi?
방에 열쇠(카드)를 두고 나왔어요.	I left my key in my room.
조식은 몇 시부터 제공되나요?	What time does breakfast start?

5. 식당

같은 것으로 주세요.	I will have the same.
주문이 얼마나 걸릴까요?	How long will it take?
저는 이 음식 안 시켰어요.	I didn't order this food.
계산서가 잘못된 것 같습니다.	There is a mistake in the bill.

6. 버스, 지하철

제가 언제 내려야 할지 말해 줄 수 있나요?
Can you tell me when to get off?

7. 컨디션이 좋지 않을 경우

토할 것 같아요.	I feel sick.
고소공포증이 있어요.	I am afraid of heights.
온몸이 쑤시고 아파요.	I'm aching all over.
기침을 해요.	I have a cough.
몸에 한기가 있어요.	I have chills.
발목을 삐었어요.	I sprained my ankle.

8. 물건을 분실하거나 도난당했을 때

누가 내 지갑을 훔쳐갔어요.	Someone stole my wallet.
분실물 보관소가 근방에 있나요?	Is there a lost and found around here?

분실 신고를 하고 싶어요.　　　　　I want to report a theft.

9. ATM기 사용

현금 지급기가 근처에 있나요?　　　Is there an ATM around here?

ATM에 제 카드가 꼈어요.　　　　　The ATM ate my card.

10. 옷 쇼핑

이거 더 작은 사이즈로 있나요?　　　Do you have this in a smaller size?

입어 보고 싶어요.　　　　　　　　I want to try it on.

이 재킷에 어울리는 바지가 있나요?
　　　　　　　　　　　Do you have pants that go well with this jacket?

11. 사진 촬영

당신과 같이 사진을 찍을 수 있을까요?　Can I take a picture with you?

배경이 나오게 찍어줄 수 있나요?
　　　　　　　　　　　Can you take a picture with the background?

12. 렌터카/주유

차에 내비게이션이 장착되어 있나요?
　　　　　　　　　　　　　Does the car come out with GPS?

다른 장소에서 차를 반납할 수 있나요?
　　　　　　　　　　Can I drop off the car at a different location?

몇 시까지 반납해야 하나요?　　　　What time is the drop-off?

(주유할 때) 3번에 20달러치 넣어 주세요.　Pump 3, 20 dollars.

13. 여권 분실

여권을 잃어버렸어요. I have lost my passport.

누구에게 연락해야 하나요? Who do I have to contact?

14. 공항

가장 빠른 비행 편으로 예약하고 싶어요.

I would like to book the earliest flight.

비행기를 놓쳤어요. I've missed my flight.

추가 요금(수수료)을 내야 하나요? Do I have to pay a surcharge?

영어 회화: 교양 생활 회화

혼공 TIP1 - 최소 표현부터 시작하라

회화 책 구매 및 온라인 강의 패키지 수강. 처음에는 천군만 마라도 얻은 것 같지만, 작심삼일 하기 딱 좋다. 그렇기 때문에 30~50개 정도의 최소 표현을 완전히 내 것으로 만드는 것부터 출발하면 좋다(혼공 10. 말하기 팁 참고). 가령 "Thank you"라는 표현은 내 입에서 나오기까지 1초도 걸리지 않는다. 이와 같이 입에 붙는 표현을 최소량부터 서서히 늘려 가는 게 회화 공부의 왕도이다.

혼공 TIP2 - 미드 뽀개기

사실 국내에서 영어 공부에 가장 도움이 될 만한 한 가지를 꼽으라면 단연코 미드이다. 완전 초보 수준을 탈출했다면 좋은 미드를 하나 선정해서 드라마 속 내용이 내 입에 달라붙도록 공부하는 게 가장 좋다. 미드 혼공 학습법은 앞에서 나왔으니 참고하기 바란다.

혼공 TIP3 - 써먹을 기회를 만들어라

회화는 연습을 실전같이, 실전을 연습같이 해야 한다. 그렇기 때문에 전화 영어처럼 얼굴이 보이지 않는 것보다는 'face-to-face(면대면)' 방식을 따르면 좋다.

평일 저녁이나 주말을 활용해서 스터디 모임을 찾아가라. 큰 도시에는 언어교환 스터디나 모임이 꽤 많이 있다. 다양한 수준의 사람들에게 주중에 익혔던 표현을 써 보면서 내 것으로 익혀야 한다. 또한 나보다 잘하는 사람들에게 학습 노하우를 얻고 자극을 받으면 큰 동기부여가 된다.

직접 사람을 만날 여력이 없다면 Skype 영어 스터디나 화상 채팅이 하나의 방법이 될 수 있다. 이 방법들도 여의치 않다면 회화 학원에 등록해서 공부하는 방법이 있지만, 사실 배우러 간다기보다는 주중에 공부한 내용을 최대한 써 보러 간다는 느낌으로, 복습을 철저히 해야 향상의 폭이 크다. 마지막으로 공간적·시간적 제약이 아주 많다면 전화 영어라도 잘 활용해야 한다.

명심하자. 영어는 결국 써먹으려고 배우는 것이다. 준비가 다 된 다음에 쓰기보다는 입으로 연습하면서 바로바로 써 보려는 노력을 해야 한다.

내신/수능 영어

1. 중학교 내신 – 지겨운 본문 암기여, 이젠 안녕!

대부분 중학교 영어 내신 공부는 '본문 외우기'로 출발한다. 단기적으로는 아주 효과적이다. 빈칸에 들어갈 전치사, 핵심 단어까지 완전히 외우고 많은 문제를 푼다. 당연히 점수가 잘 나오기 때문에 많은 학생들이 중학교 때까지 영어를 잘한다고 착각하게 된다. 결국 문제는 고등학교에서 벌어진다.

훗날의 불상사(?)를 막기 위해 무작정 본문 외우기보다 이 방법을 강력 추천한다.

> 1. 교과서 본문을 읽으면서 해석을 여러 차례 해 본다.
> 2. A4지에 번호를 쓰고 본문을 보면서 문장별로 우리말 해석을 써 본다.

3. 우리말 해석이 맞는지 확인한다.
4. 교과서를 보지 않고 우리말 해석 아래 다시 영어로 써 본다.
5. 영어로 옮긴 부분을 교과서의 본문과 비교하면서 확인한다.

앗! 이 방법은 쓰기 혼공 비법(237쪽 참고)에서 나왔던 방법 아닌가? 그렇다. 좋은 방법은 이렇게 돌고 돈다. 특히 중학생들은 4, 5번을 하면서 서술형을 대비하기 위한 영작 실력이 어마어마하게 향상된다. 물론 본문도 자연스럽게 숙지가 된다.

무작정 본문 외우기만 하면 훗날 고등학교에 진학해서 크게 낭패를 볼 수 있다. 따라서 중학교 때 위의 방법을 꼭 한번 써 보자.

2. 고등학교 내신 – 중학교 방식대로 하면 낭패!

상당수의 학생들이 "중학교 때가 영어 리즈 시절(예전에 잘나갔던 시절을 뜻하는 유행어)이었는데요"라고 말한다. 하지만 본문을 외우고 문제만 주구장창 풀었던 학생은 고등학교 1학년이 되면서부터 허덕이기 시작한다. 갑자기 엄청나게 늘어난 시험 범위 때문에 외우는 데 금세 한계가 오기 때문이다. 교과서부터 모의고사 지문까지, 범위가 중학교에 비해 3~4배는 많고, 풀어야 할 문제도 어마어마하게 불어난다.

중간고사 하나를 대비하기 위해 문제를 1,000제나 푸는 학생도 보았다. 어떤 문제인지 궁금해 보았더니 형편없는 것들이 70~80%일 정도로 시간 투자 대비 효율이 떨어졌다. 인터넷에서 무료로 떠

도는 문제들은 질적인 면에서 검증이 필요하며, 시중에 판매되는 문제집 역시 양으로만 밀어붙이는 것은 권장하지 않는다.

중학교 때 독해력을 늘려서 내용 자체를 이해하고 내가 직접 설명할 수 있는 방식으로 준비해야 한다. 동시에 수업 시간에 선생님께서 짚어 주신 '어법 포인트'가 아주 중요하다. 학교 시험에서의 변별은 대부분 '어법 문항'에서 가려지기 때문이다. 마지막으로 서술형을 잘 분석해서 '핵심 단어'가 반드시 들어가도록 답안을 쓰는 연습을 많이 해야 한다.

1. 지문을 외우려 하지 말고 주제를 찾아 1문장의 우리말로 요약하는 연습을 하라.
2. 수업 시간에 선생님이 강조한 어법 포인트에 주목하라. 어법 문제는 학교 내신의 꽃이다.
3. 학교별 서술형 문항의 스타일을 기출 문제 등을 통해 미리 숙지하라.

3. 수능 - 수준에 꼭 맞게 공부하라

'수능 영어가 과거에 비해서 쉬워졌다, 절대평가로 가기 때문에 쉬워질 수밖에 없다'고 생각하는 사람들이 꽤 많은데 실상은 전혀 그렇지 않다. 최상위권을 제외한 대부분의 학생들에게, 수능 지문의 상당수는 여전히 어려운 소재를 다루고 있다고 여겨진다. 현재 지문의 고갈로 인해 짧은 논문 수준의 글까지 출제되고 있는 실정이다. 학생들의 사고력이 아무리 높다고 해도 영어로 된 **'이과' 내용 글과 '빈칸 추론', '순서 맞추기' 같은 유형**은 상당히 어렵다. 이런 유형은 고스란히 편입 영어나 공무원 시험에서도 재활용된다.

수능 영어는 가장 쉬운 문항부터 어려운 문항까지 자신의 수준에 맞게 공부해야 한다. 그러지 않고 단순히 문제만 많이 풀거나 기출문제부터 접하다 보면 금세 바닥이 드러난다. 다음과 같은 순서를 지켜 나가야 한다.

혼공 전략(수능 단계별 학습법)

1단계: 단어 학습(단어장)

고등학교 1~2학년 때까지 같은 단어장을 3~4번 보면서 90% 이상 외우도록 한다. 여러 단어장을 보는 것은 비효율적이다. 이후 개인 단어장을 만들어서 부족한 단어를 따로 정리해서 외우면 된다. 자투리 시간마다 짧게 자주 보는 것이 최고다.

2단계: 구문 학습

단어 수준이 일정 수준 올라가면 문장 단위의 해석을 공부해야 한다. 구문 학습은 예습보다 복습이 중요하므로 강의나 책 등을 통해 공부했던 문장은 반드시 복습을 철저히 해야 한다. 문장을 보고 끊어 읽는 연습을 하다가 숙달되면 눈으로 끊어 읽으면서 동시통역하는 느낌으로 스피드와 정확도를 끌어올려야 한다.

3단계: 유형별 문항 학습

구문 학습까지 이루어졌다면, 이제 수능 문항을 공부해 보자. 가장 쉬운 듣기부터 공략해도 좋다. 독해는 목적, 내용 일치, 실용문, 도표부터 시작하자. 이 문항들에 자신감이 생긴다면 주장, 요지, 주제, 제목 문제 순으로 정복해라. 그다음이 내용상 어색한 문장 찾기, 주어진 문장이 들어갈 곳 찾기, 빈칸 추론, 순서 맞추기와 같은 쓰기 문항이다. 많은 학생이 이 단계를 무시하고 바로 어려운 것들만 풀다가 실패하곤 한다.

4단계: 기출 활용 & 시간 단축

1~3단계를 잘 이행한 다음에 기출을 공략하라. 아까운 기출을 무턱대고 대충 풀었다가는 나중에 기출의 '참신함'을 대신할 문항을 찾을 수가 없다. 시간 부족으로 힘든 학생들은 스톱워치를 잘

활용하면 좋다. 대신 처음에는 4~5문제와 같이 적은 분량으로 출발해라. 익숙해지면 점점 문항의 분량을 늘려 15~20문항까지 가보자.

듣기 만점 만들기

듣기를 무시하는 학생들이 참 많다. 하지만 실수가 생기면 치명적인 것이 듣기다. 등하교와 같은 이동 시간을 활용해서 규칙적으로 듣는 것이 중요하다. 이동 시간에는 가볍게 흘려듣고, 자기 전에는 집중해서 들어 본다. 막히는 부분을 스크립트에서 찾아 소리 내서 읽고 다음 날 등하교 때 복습 청취한다. 때때로 천장형 스피커에서 들려주는 듣기는 놓치지 말고 집중해야 한다. 수능 시험 날의 세팅과 똑같기 때문이다. 시험 날 이어폰으로 듣는 맑은 소리를 기대하면 안 된다. 느낌과 분위기까지 미리미리 준비하자.

> **도전**
>
> [원어민들도 경악했던 문항: 2015학년도 대수능 32번]
> 32. My friend was disappointed that scientific progress has not cured the world's ills by abolishing wars and starvation; that gross human inequality is still widespread; that happiness is not universal. My friend made a common mistake — a basic misunderstanding in the nature of knowledge. Knowledge is amoral — not immoral but morality neutral. It can be used for any purpose, but many people assume it will be used to further their favorite hopes for society — and this is the fundamental

flaw. Knowledge of the world is one thing; its uses create a separate issue. To be disappointed that our progress in understanding has not remedied the social ills of the world is a legitimate view, but _____ _____.

To argue that knowledge is not progressing because of the African or Middle Eastern conflicts misses the point. There is nothing inherent in knowledge that dictates any specific social or moral application. [3점]

① to confuse this with the progress of knowledge is absurd
② to know the nature of knowledge is to practice its moral value
③ to remove social inequality is the inherent purpose of knowledge
④ to accumulate knowledge is to enhance its social application
⑤ to make science progress is to make it cure social ills

준쌤 해설

과학에 있어서 발전이 인류의 문제(전쟁, 질병)를 해결하지 못했다고 실망하는 친구의 이야기로 시작하고 있다. 하지만 필자는 과학과 같은 지식은 도덕성에 있어 중립적이어서, 각자가 자신의 이익을 위해서 사용하기도 하고 좋은 일로 쓰이기도 하는 등 꼭 선하고 좋은 쪽으로 나아가야 하는 성질의 것은 아니라고 말하고 있다. 고로 이런 과학적 발전이 사회적 문제를 치료하지 못했다고 실망할 수는 있지만, 이는 지식의 성질을 이것과 혼돈한 어리석은 사실이라고 말하고 있다.

정답: ①

편입 영어

 기본적으로 듣기 평가가 없기 때문에 소리가 아닌 눈에 의존하는 독해 비중이 무척 높은 시험이다. 보통 어휘, 문법, 독해, 논리 4개 분야를 종합적으로 평가한다. 하지만 대학마다 반드시 종합적으로 평가하지는 않으니 희망 대학의 유형을 홈페이지에서 미리 확인해야 한다. 가령 고려대학교의 경우 어휘 문항이 없다.

 보통 40~50문항이 출제되는데, 간혹 70문항 가량 출제되는 대학도 있으니 주의하자. 시간이 모자랄 수 있으니 신속함과 정확성이 모두 요구된다. 기본적으로 4지선다의 객관식이지만 일부 대학의 경우 최근부터 5지선다로 바뀌었기 때문에 변별력이 소폭 상향되었을 수 있다. 또 일상생활에서 거의 쓰이지 않는 어휘도 대비해야 하니 기출문제를 참고하여 수능과의 차이점을 파악하고 접근하도록 한다.

혼공 전략

　자신의 현재 실력부터 진단하는 것이 급선무다. 무작정 학원부터 다니기보다 먼저 수능 기출문제를 시간을 재며 풀어 볼 것을 권한다. 듣기를 뺀 독해 28개 문항(대략 65점 만점)을 풀어서 50점 이상이 나오지 않는다면, EBS 교육 방송 등을 통해 개념 강의를 먼저 들으며 단기간에 기초 개념부터 쌓는 것이 나을 수 있다. 개념 강의는 고3 영어란에 들어가면 어렵지 않게 찾을 수 있으며, 자료실에 무료 자료도 올라와 있다. 보통 20~30시간 정도면 다 공부할 수 있으므로 단시간에 기초를 훑어보기에 좋다.

　그다음 자신이 지원하고자 하는 대학의 기출문제를 제한된 시간 내에 실전같이 풀어 보고 부족한 점을 파악하자. 그런 뒤 자신의 문제점에 대한 해결책으로 책자나 맞춤식 유료 강의 등을 구매해 공부하면 시간을 절약할 수 있다.

			고려대			
			2012	2013	2014	2015
문법	G/S		10	10		
	W/E					
	정문(正)·비문(非)					
	재진술		10	10	10	10
어휘	동의어·숙어					
	속어·반의어					
	유추					
논리완성	논리완성		20	20	20	20
독해	부분 이해	문맥의 완성	6	6	8	7
		문맥상 동의어	3	3		2
		대명사·특정 어구				
		부분이해·해석			2	
		어숙·용법, 어형				
	전체 이해	글의 주제·요지	2	2	3	2
		글의 제목·목적	5	5	4	3
		글의 어조·태도	1	1	2	1
		내용 일치·이해	7	7	4	4
		추론·간접적 이해	6	6	7	11
		단락의 구분·배열				
생활 영어	대화문					
	단문 영작					
	단문 해석					
총 문 항 수			70	70	70	70

고려대학교 편입 영어 기출 경향. 어휘 문항이 출제되지 않는다. 이와 같이 자신이 원하는 대학교 홈페이지를 참고하여 유형과 기출을 반드시 확인해야 한다.

공무원 시험 영어

ABC***
영어 안되는 사람은 9급 공무원 생각 접으시길……. 영어 되면 6개월 만에 합격, 안되면 5년 해도 안 됨.

5시간 전 | 신고

답글 50    900   000

> **DEF*****
> 영어 때문에 포기함. 정말 더러워서 분하더라 ㅠㅠ 영어 평생 혐오하게 되었다 ㅠㅠ
>
> 3시간 전 | 신고
>
> **GHI****
> 이분 실제로 공부하며 느끼신 분이네 ㅎㅎ 맞는 말씀. 지당하십니다 ㅎㅎ
>
> 1시간 전 | 신고

공무원 시험은 보통 국가직 시험, 지방직 시험, 서울시 시험 세 가지로 나뉘며 각각 다른 날짜에 시행된다. 참고로 국가직은 거주지 제한 없이 누구나 응시할 수 있고, 전국 어디로든 발령이 날 수 있다. 지방직은 거주지 제한이 있어서 해당 지역에서만 응시가 가능하다. 서울시는 전국 누구나 응시가 가능하지만 서울시 자체에서 출제되고 합격 후 서울시에서 근무하게 된다.

공무원 영어는 공부하다 보면 편입 영어와 수능 영어의 중간 정도라고 느낄 수 있다. 보통 세 가지 정도 유형으로 나뉜다. 문법(4~5문항), 독해(10~11문항), 어휘(5~6문항) 정도로 출제되는데, 수능에서 취하는 독해 유형을 거의 모두 다루며 편입 영어에서 나오던 어휘와 문법 스타일의 문항들이 그대로 나온다. 하지만 생활 영어라는 비교적 쉬운 문항들이 사이사이 들어가 있기 때문에 전체 문항을 풀어 나가는 데 있어 이를 전략적으로 잘 활용해야 시간 안배를 효율적으로 할 수 있다.

수능 기초가 되어 있지 않은 상태에서 바로 공무원 영어를 공부하면 무척 힘들다. 그렇기 때문에 반드시 수능 혼공 전략을 읽어 보고 **수능 독해 문제를 90% 이상 맞힐 정도**가 되면 본격적으로 공무원 영어 공부를 시작하는 게 시간을 절약할 수 있는 방법 중 하나다. 문제 유형 등은 편입 영어와 크게 다르지 않으니 예시 문항을 풀어 보면서 직접 느껴 보자.

☞ 문항 맛보기(2016년 9월 지방 공무원 임용 시험에서 인용했습니다.)

1. 어휘 문항

밑줄 친 부분과 의미가 가장 가까운 것을 고르시오.

The opposition party leaders promised to persist in their efforts to force the prime minister's resignation.

① consider
② continue
③ rescue
④ stop

2. 영작 문항(문법 평가)

우리말을 영어로 가장 잘 옮긴 것은?
내가 저지른 모든 실수에도 불구하고 그는 여전히 나를 신임했다.

① I had made all the mistakes, though he still trusted me.
② I had made all the mistakes, moreover, he still trusted me.
③ Despite all the mistakes I had made, he still trusted me.
④ Nevertheless all the mistakes I had made, he still trusted me.

3. 독해(순서 맞추기)

주어진 문장이 들어갈 위치로 가장 적절한 곳은?

> The plunge in poverty levels is truly one of the greatest achievements in human history.

  Welfare helps alleviate poverty. But growth can end it. Asia's example over the past half-century teaches that there are two critical ways to raise incomes create jobs— and create more jobs. And the way to do that is to boost economic growth. (①) When nations like China set in place the market-friendly policies to supercharge their growth rates, poverty melted away. (②) In 1981, figures the World Bank, about 52% of the population of the developing world lived on less than $1.25 a day. (③) By 2008 that share had shrunk to 22%, owing largely to gains made in Asia. (④) But it isn't enough. The International Monetary Fund recently stated that nearly all economies— advanced and emerging — suffered a widening gap between rich and poor in the past three decades.

4. 생활 영어 빈칸 채우기
밑줄 친 부분에 들어갈 말로 가장 적절한 것은?

A: Finally, the long vacation begins tomorrow. What are your plans?
B: I'm not sure. Maybe I'll go on a trip.
A: Where do you want to go?
B: That's a good question. Well, I'll just take a bus and go wherever it leads me to. Who knows? I may find a perfect place for my vacation.
A: Yeah, trips are always refreshing. But I prefer to stay at home and do nothing.
B: _____. Relaxing at home can recharge your energy.

① That's not a bad idea
② I prefer a domestic airline

③ You need to work at home too

④ My family leaves for Seoul tomorrow

5. 밑줄 친 부분 중 어법상 옳지 **않은** 것을 고르시오.

The middle-class Americans who chose ① to avoid the suburban lifestyle and ② live in the central city ③ were most often those least ④ depended on central-city government services.

정답: 1. ② 2. ③ 3. ④ 4. ① 5. ④

어학 시험 영어(TOEIC, TEPS)

토익, 텝스와 같은 어학 시험은 사실 공인 성적이 필요해 보는 경우가 대부분이다. 그렇기 때문에 최소한의 시간을 투자해서 목표하는 점수를 따고 얼른 철수해야 한다. 물론 일부 학습자들은 영어 실력을 향상시키기 위해 이 시험을 보기도 한다.

하지만 실제로 토익 900점을 받아도 영어 말하기가 잘 안되는 경우도 있다. 한국 학습자들의 노하우가 워낙 발달해서 그렇기도 하고, 토익 시험의 LC(듣기)와 RC(읽기)만 응시한다면 말하기에 직접 영향을 주기 어렵기 때문이다.

게다가 토익, 텝스는 한 번 응시할 때마다 응시료도 만만치 않다. 그렇기 때문에 나에게 주어진 시간과 목표 점수를 분명히 하는 것이 좋다. 이때 주의할 점은 최종 목표 점수가 800점이라도 첫 목표 점수는 가능한 한 낮아야 한다는 것이다. 그래서 다음과 같은 큰 그림을 전략으로 세우면 좋다.

> **토익 시작하기**
> 1. 연간 시험 응시 일정을 보고 대략 한 달~한 달 반 후의 시험에 등록한다.
> 2. LC(듣기) 파트 1·2와 RC(읽기) 파트 5·6 부분을 집중적으로 공부한다.
> 3. 시험 결과가 나온 뒤 자신의 점수를 확인하고 파트 3·4·7을 채우는 공부를 한다.
> 4. 요즘에는 완강하거나 목표 점수를 채우면 환불해 주는 유료 강좌가 꽤 있다. 때문에 3번에서 나온 시험 결과보다 50~100점 정도 높은 수준의 강좌를 신청해서 돌려받을 현금과 점수를 동기로 삼아 열심히 공부한다.

> **텝스 시작하기**
> 1. 토익보다 조금 더 어려울 수 있다. 응시 날짜를 잘 확인하고 역시 한 달~한 달 반 후의 일정에 응시한다.
> 2. 듣기(L) 파트 1·2·3과 문법(G) 파트를 집중적으로 공부한다. 사실 어휘(V)는 아무리 열심히 해도 10~15점 정도밖에 올리지 못하기 때문에 일단 공부하다 나오는 어휘들을 외우는 수준으로 한다.
> 3. 점수가 나오면 듣기 파트 4와 읽기(R)에 집중한다. 990점 중 800점은 듣기와 읽기가 담당하고 있기 때문이다. 읽기를 공부하면서 단어를 숙지하다 보면 어휘(V) 파트가 어느 정도 커버된다.
> 4. 듣기와 읽기가 일정 수준에 올라가면 문법(G)의 부족한 부분과 어휘(V)로 깊게 공부하며 마무리한다.

토익과 텝스 둘 중 하나만 필요하다면 나의 학습 유불리와 응시 일정을 고려해 선택하자. 그리고 위의 큰 그림을 보고 공부하는 것이 좋다. 시험은 막연히 어느 정도 준비되면 치를 수도 있지만, 가까운 시일에 응시 날짜를 잡아 놓고 공부할 때 효율적으로 임할 수 있다. 그리고 시험을 치른 후 그 결과를 '시작점'으로 삼아 공부하는 것이 시간과 돈 모두를 절약하는 길이다. 아울러 요즘 인터넷 강의에는 과제 이행, 목표 달성 두 가지를 충족하면 강의료를 환불해 주는 곳도 많다.

바로 두꺼운 책을 사지 말고, 도서관에서 괜찮아 보이는 1~2권을 빌려서 연습장에 풀어 보자. 내 스타일에 맞는 것을 확인 후 구매한다면 금상첨화다. 그것이 혼공으로 가는 지름길이다.

나에게 진짜

필요한 영어 공부는 결국

무엇이었나요?

그것을 발견하고,

실천할 수 있는 작은 행동들을

정해 보세요.

==작은 행동==은 ==작은 성공==을 만들고
==습관==이 됩니다.
습관이 '==내=='가 될 때
우리는 '==성공했다=='라고 말합니다.

영어뿐 아니라 많은 곳에서
==혼공== 하시기 바랍니다.